Herzlich Willkommen beim Spielbuch zu Alfreds Klavierschule für Kinder!

Hier findest du begleitendes Spielmaterial **zu Band 1 und Band 2** von **ALFREDS KLAVIERSCHULE FÜR KINDER**, mit dem du das Gelernte vertiefen kannst. Dieses Spielbuch sorgt für Abwechslung und motiviert dich, so viel wie möglich Klavier zu spielen. Die Quizaufgabe wirst du leicht lösen können. Wenn nicht, findest du die Lösungsseite und Hörbeispiele der Lehrerbegleitstimmen online auf www.klavier-fuer-kinder.de.

Viel Spaß und Erfolg mit dem **Spielbuch** von **ALFREDS KLAVIERSCHULE FÜR KINDER** wünschen dir **DOGGi und seine Freunde!**

Alfreds Klavierschule für Kinder in drei Bänden plus Spielbuch!

Band 1
ISBN: 978-3-943638-30-1

Band 2
ISBN: 978-3-943638-31-8

Band 3
ISBN: 978-3-943638-32-5

Das Spielbuch
ISBN: 978-3-943638-36-3

Impressum

Deutsche Übersetzungsausgabe:
Alfreds Klavierschule für Kinder – Das Spielbuch
Zusammengestellt von Michaela Paller
© 2018 by Alfred Music Publishing GmbH
All rights reserved.
Printed in Germany.
alfredmusic.de | alfredverlag.de

Best.-Nr.: 20205G
ISBN-10: 3-943638-36-7
ISBN-13: 978-3-943638-36-3

Illustrationen:
Jeff Shelly (S. 2)
Christine Finn (Coverillustration und alle übrigen Illustrationen im Inhalt)
Layout, Lektorat und Produktionsleitung: Thomas Petzold
Notensatz: Gina Ries und Thomas Petzold

Inhalt

SPIELSTÜCK	THEMA	SEITE	Band Seite
01 Meine Finger	Zwillinge, Viertelnote ♩	4	1 10
02 Durch die Stadt	Drillinge, *f*, *p*, halbe Note ♩, ganze Note o	4	1 17
03 Morgens früh um sechs	Drillinge, halbe Note ♩, ganze Note o	5	1 23
04 Ich spiele und klopfe	RH: Töne C, D, E	6	1 27
05 Pause	LH: Töne A, H, C	6	1 29
06 Summ, summ, summ	RH: Töne C-D-E-F-G	7	1 33
07 Kurze Beine	LH: Töne F-G-A-H-C	7	1 34
08 Guter Witz	Daumenlage C	8	1 37
09 Kleiner Mark	Daumenlage C, *mf*	9	1 42
10 Christopher Columbus	5-Fingerlage C	10	1 43
11 Mein Lieblingstag	3/4-Takt, punktierte halbe Note ♩.	11	1 47
12 Im Zirkus	Bassschlüssel 𝄢	12	1 51
13 Hänschen klein	Violinschlüssel 𝄞	12	1 55
14 Verrücktes Land	Klaviersystem	13	1 62
15 Schnell in Fahrt	Legato	13	1 66
16 Im Gras	Klaviersystem Daumenlage C	14	1 69
17 Applaus	Haltebogen	15	1 71
18 Es war eine Mutter	Konzertstück mit Bodypercussion	16	1 73
19 Wo kriegt man diesen Hut?	Sekunde, Terz, Viertelpause	17	1 76
20 Der Fluss	Sekunde, Terz	18	1 78
21 Die Feuerwehr	Quarte	19	2 8
22 Der Schlangentanz	Ganze Pause, Quinte	19	2 12
23 Was soll ich tun?	Intervalle	20	2 14
24 Der Moonwalk	5-Fingerlage G	21	2 18
25 Oh, Oma!	5-Fingerlage G	22	2 20
26 Amadeus	Auftakt, halbe Pause	23	2 23
27 Die Mühle	Achtelnoten ♫	24	2 25
28 Die Mühle am Sonntag	Achtelnoten ♫	24	2 25
29 Einfache Gaben	Achtelnoten ♫, Bodypercussion	25	2 27
30 Die Boogie-Band	♯-Vorzeichen	26	2 28
31 Tschaikowskis 4. Sinfonie	♭-Vorzeichen	28	2 32
32 Für Ludwig	♭- und ♯-Vorzeichen	29	2 35
33 Ein Marsch	Staccato, decrescendo	30	2 38
34 Ich mag gern Musik	Akzent (>)	31	2 41
35 Alle lieben diesen Song	Tempoangabe moderato	32	2 44
36 Ein toller Kumpel	Fermate ⌒	33	2 46
37 Sonnenschein	2/4-Takt	34	2 50
38 In Zukunft	Ritardando	35	2 54
39 Miniatur (1. Allegro)	5-Fingerlage G Hoch	36	2 57
40 Am Morgen	5-Fingerlage G Hoch	36	2 60
41 Immer höher	Pedalspiel	38	2 62

Spielstück 01

Thema: Viertelnote / Zwillinge
Alfreds Klavierschule für Kinder
Band 1, Seite 10

Meine Finger

Musik und Text: Michaela Paller

Finger (RH):
(Notenhals nach OBEN)

3	2	3	2	3	2	3	2
Mei-	ne	Fin-	ger	spie-	len	fes-	te,

Finger (LH):
(Notenhals nach UNTEN)

3	2	3	2	3	2	3	2
denn	dann	bin	ich	bald	der/die	Bes-	te.

RH = Notenhälse zeigen nach OBEN
LH = Notenhälse zeigen nach UNTEN

SCHLUSSSTRICH
(Am Ende jedes Musikstücks stehen zwei senkrechte Striche.)

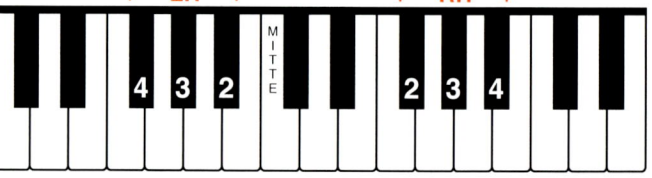

Spielstück 02

Thema: Drillinge / f, p, halbe Note, ganze Note
Alfreds Klavierschule für Kinder
Band 1, Seite 17

Durch die Stadt

Musik: Michaela Paller
Text: überliefert

Lösung online: f

www.klavier-fuer-kinder.de

In die Kästchen kannst du selbst Dynamikzeichen (f, p) schreiben.

RH: 2 3 | 4 4 4 | 4 4 3 3 | 2 2 2
Eins, zwei, drei und vier, durch die Stadt mar- schie- ren wir.

LH: 2 2 4 4 | 2 2 4 4 | 2 2 3 3 o4 :||
Lin- ker, rech- ter, Spitz- bub schlech- ter, auf der Stel- le Haaalt!

WIEDERHOLUNGSZEICHEN:
Spiele noch einmal von vorne.

Spielstück 03

Thema: Drillinge, halbe Note, ganze Note
Alfreds Klavierschule für Kinder
Band 1, Seite 23

Musik und Text: überliefert

Morgens früh um sechs

Mit diesem Lied kannst du alle beeindrucken: Es ist sehr lang und macht jede Menge Spaß!
Du beginnst bei den **schwarzen Drillingen** ganz links auf der Tastatur mit der linken Hand. Bei jeder Strophe spielst du die nächsthöheren Drillinge *immer abwechselnd* zwischen linker und rechter Hand, bis zur sechsten Strophe. In der *letzten Strophe* spielst du alle Tasten eines Drillings mit den Fingern 2, 3 und 4 *gleichzeitig*. Dabei darfst du dir aussuchen, welche Drillinge du verwenden möchtest.

Hörbeispiel:

www.klavier-fuer-kinder.de

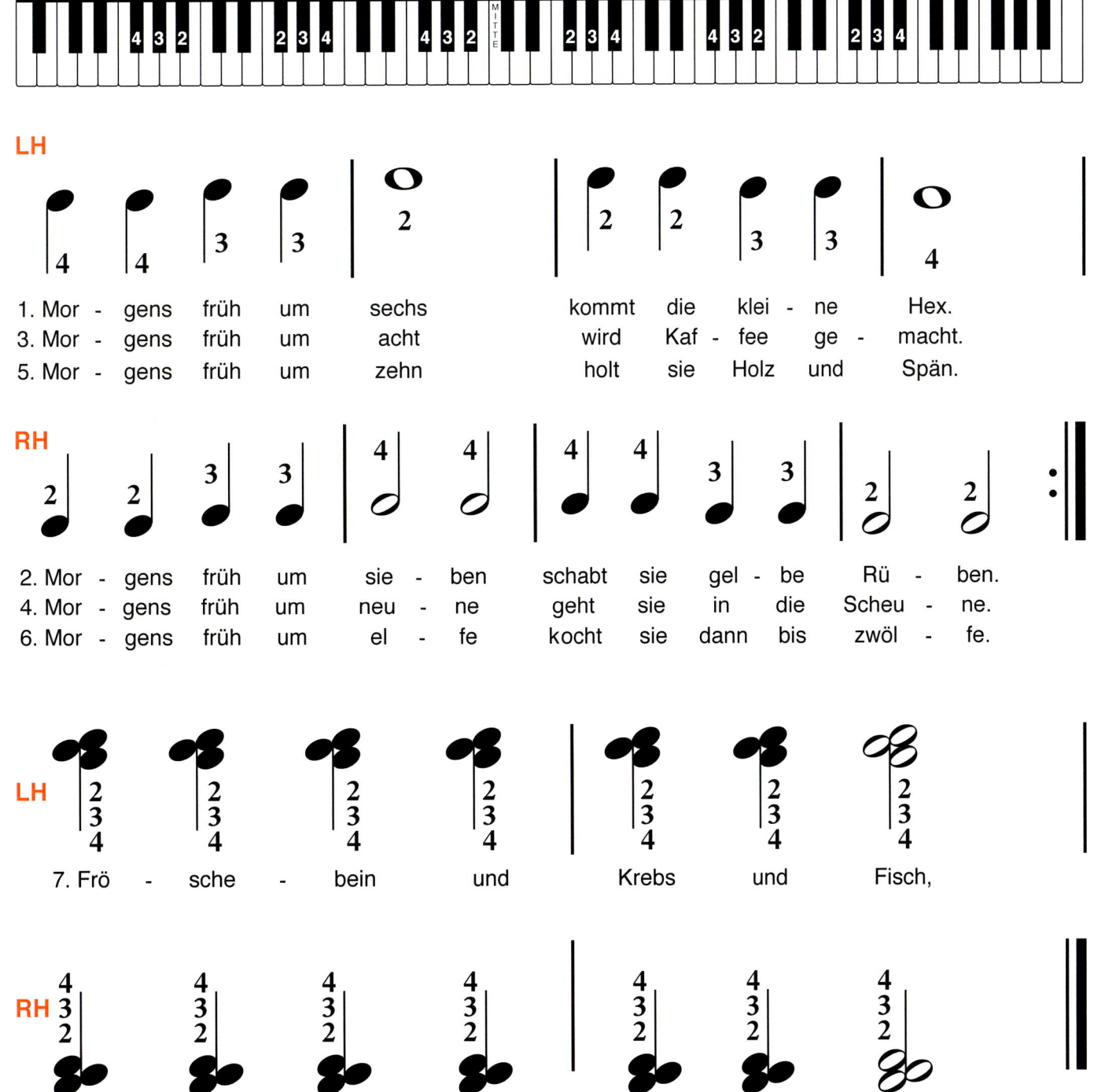

Spielstück 04
Thema: Töne C-D-E (RH)
Alfreds Klavierschule für Kinder
Band 1, Seite 27

Ich spiele und klopfe

Musik und Text: Michaela Paller

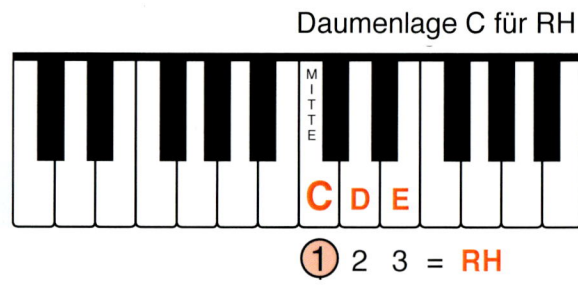

Daumenlage C für RH

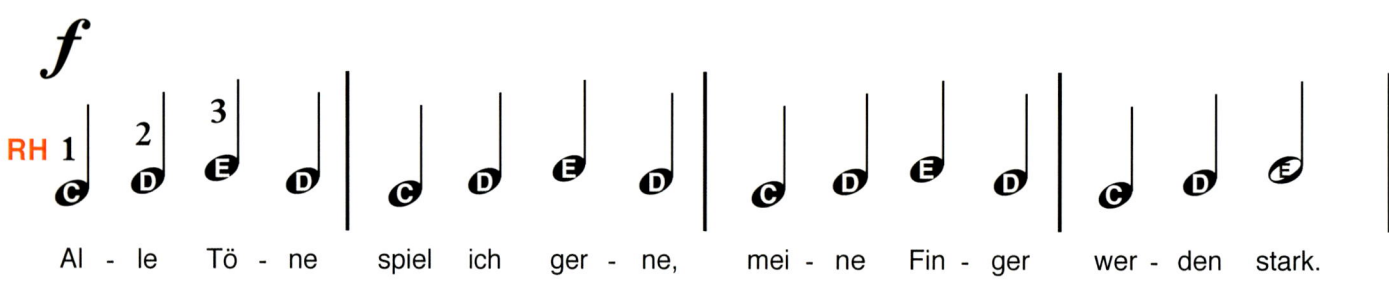

Al - le Tö - ne spiel ich ger - ne, mei - ne Fin - ger wer - den stark.

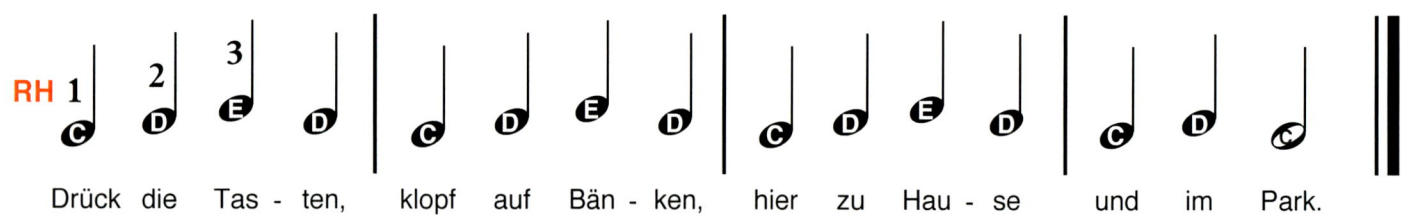

Drück die Tas - ten, klopf auf Bän - ken, hier zu Hau - se und im Park.

Spielstück 05
Thema: Töne A-H-C (LH)
Alfreds Klavierschule für Kinder
Band 1, Seite 29

Pause

Musik und Text: Michaela Paller

Daumenlage C für LH

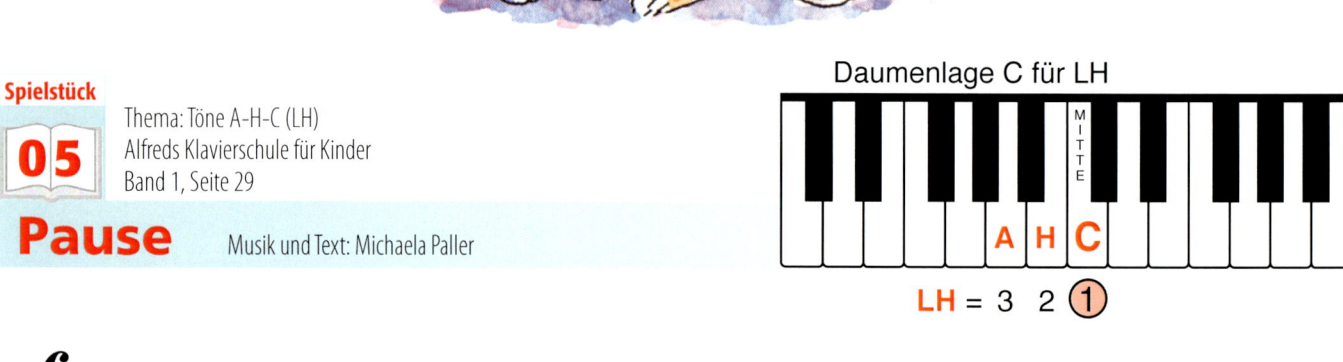

Eins, zwei, drei, mit schnel - len Fin - gern üb ich flei - ßig, bin der Hit.

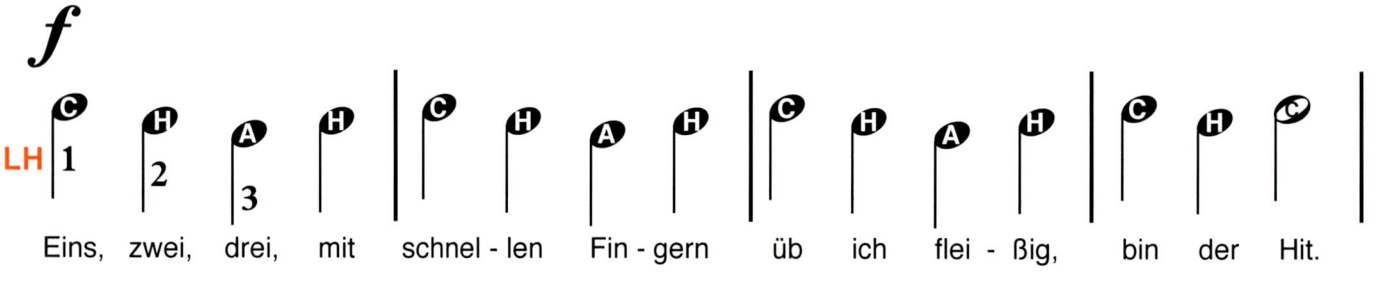

Hab ich Hun - ger, mach ich Pau - se, bin da - nach gleich wie - der fit.

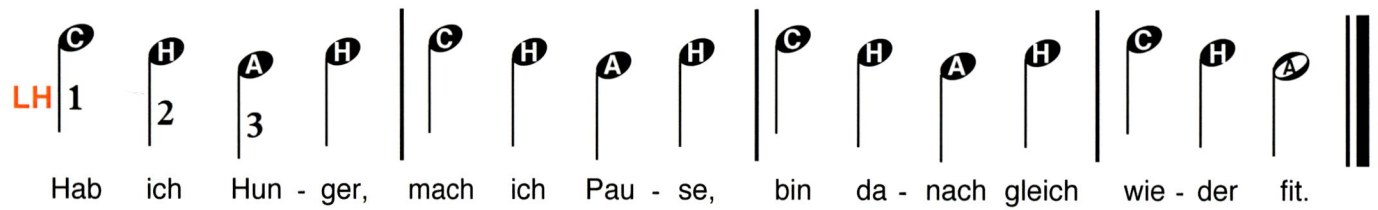

Spielstück 06

Thema: Töne C-D-E-F-G (RH)
Alfreds Klavierschule für Kinder
Band 1, Seite 33

Hörbeispiel:

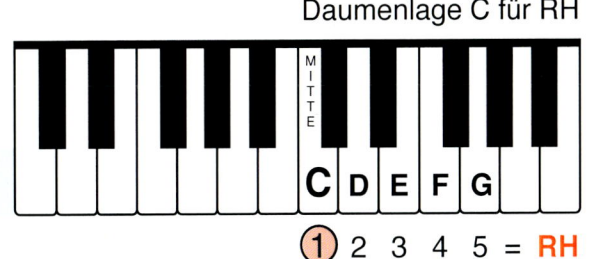

Summ, summ, summ

Musik und Text: überliefert

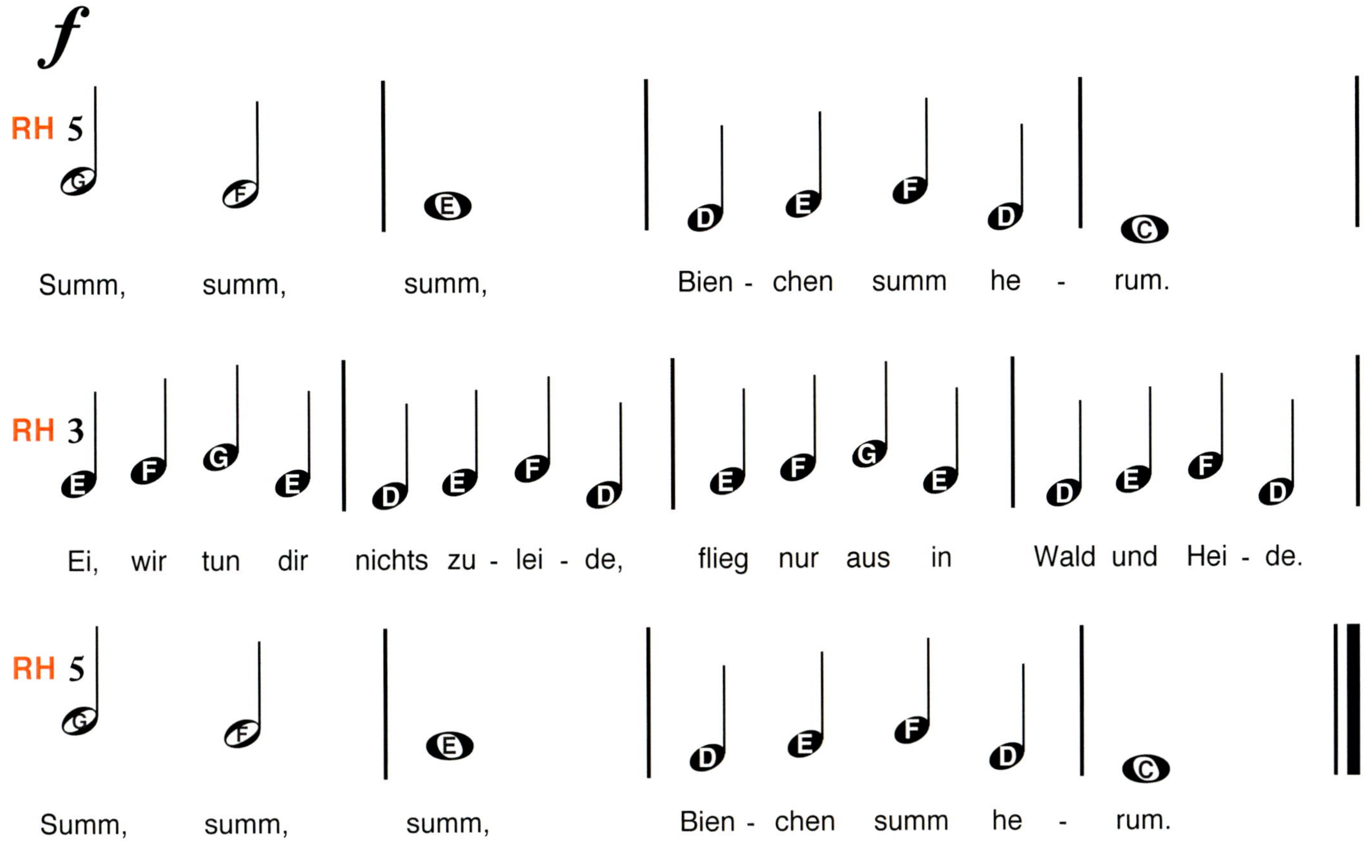

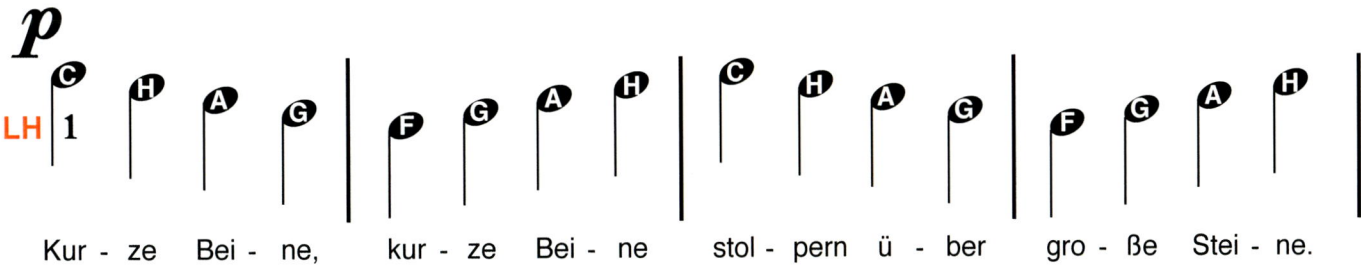

Spielstück 07

Thema: Töne F-G-A-H-C (LH)
Alfreds Klavierschule für Kinder
Band 1, Seite 34

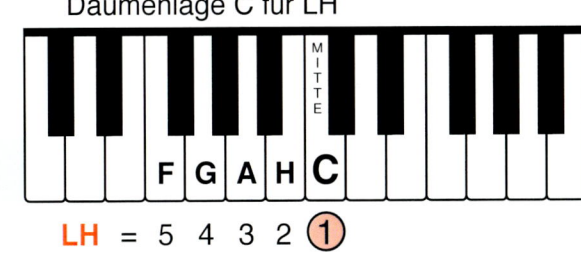

Kurze Beine
Musik und Text: Michaela Paller

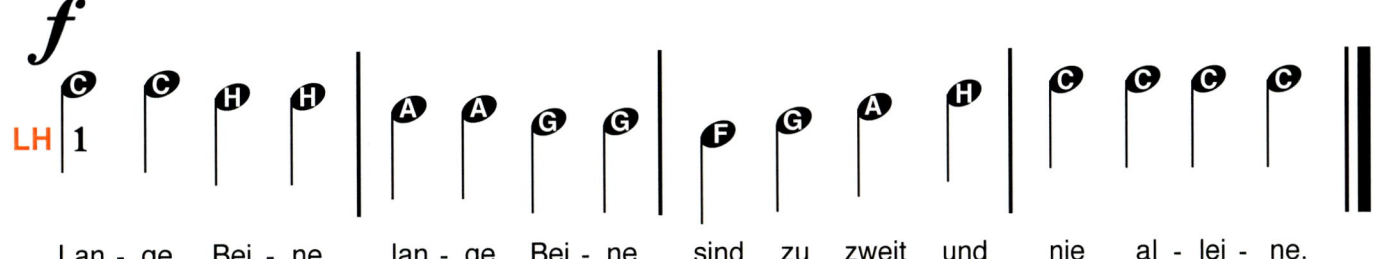

Spielstück 08

Thema: Daumenlage C
Alfreds Klavierschule für Kinder
Band 1, Seite 37

The Joke's on Us
aus: Alfred's Basic Piano Library
2112 Recital Book 1A, Seite 5

Guter Witz

Musik: Palmer/Manus/Lethco
Dt. Text: Michaela Paller

DAUMENLAGE C

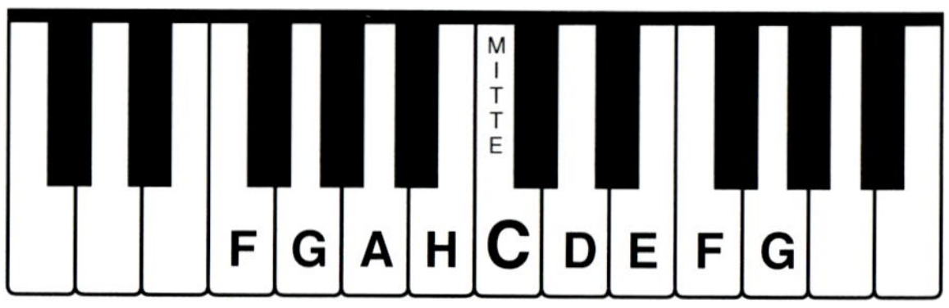

F G A H C D E F G
LH = 5 4 3 2 ① 2 3 4 5 = RH

f

4/4 LH | C H A G | C H A G |

1. Ha, ha, ha, ha! Ha, ha, ha, ha!
2. Ha, ha, ha, ha! Ha, ha, ha, ha!

RH 1 | C D E F | E D C |

1. Ha, ha, ha, der Witz ist gut!
2. Ha, ha, da ver-fliegt die Wut!

Spiele das Stück auch eine Oktave höher zur Lehrerbegleitung auf www.klavier-fuer-kinder.de.

LEHRERBEGLEITUNG: Schüler spielt *1 Oktave* höher.

RH
LH *mf*

Spielstück 09

Thema: Dynamik *mf*
Alfreds Klavierschule für Kinder
Band 1, Seite 42

Old Joe Clark
aus: Alfred's Basic Piano Library
2112 Recital Book 1A, Seite 7

Musik: Palmer/Manus/Lethco
Dt. Text: Michaela Paller

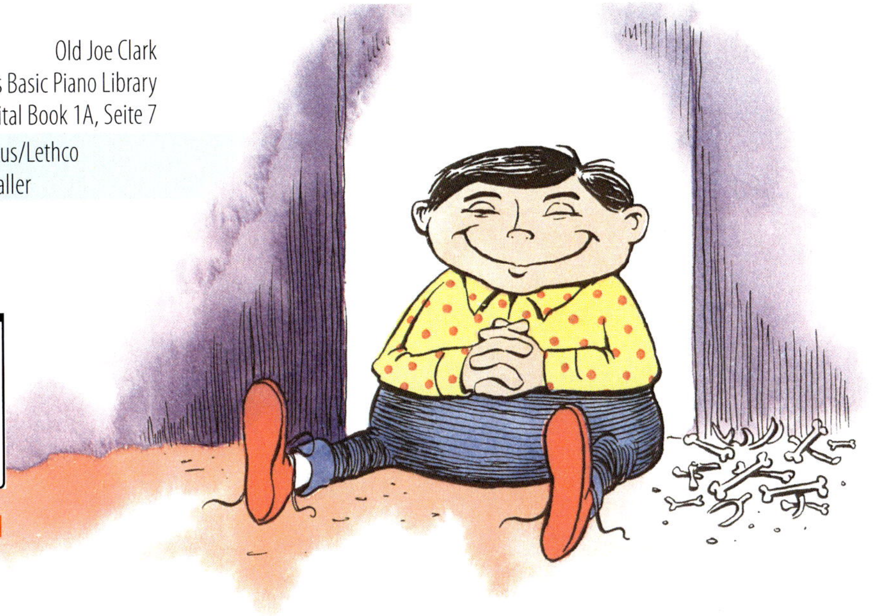

Kleiner Mark

DAUMENLAGE C

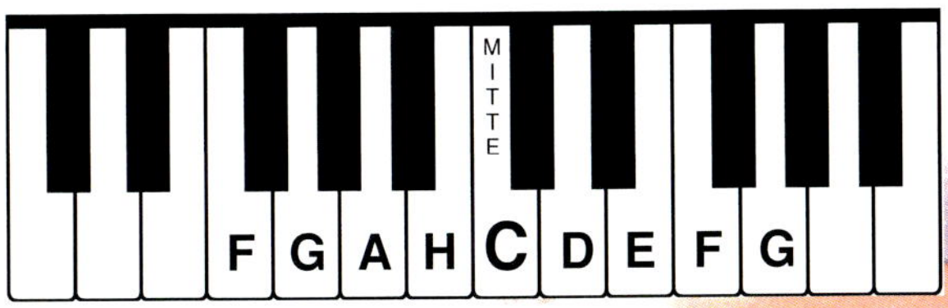

F G A H C D E F G
LH = 5 4 3 2 ① 2 3 4 5 = RH

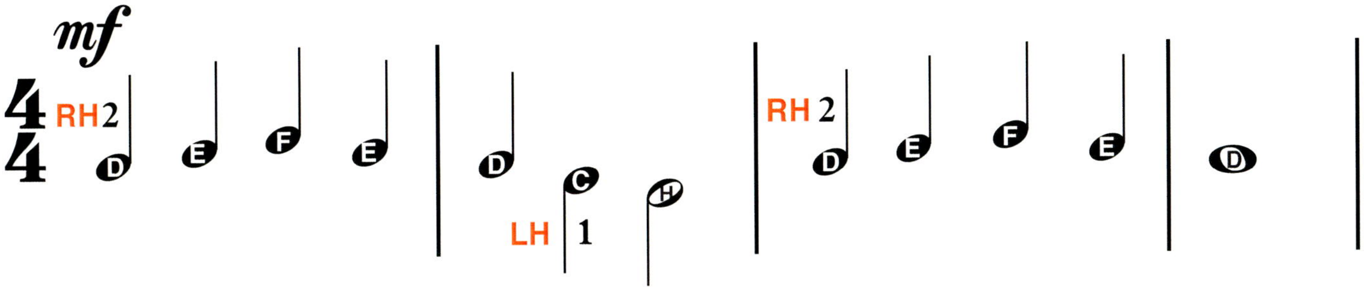

mf
4/4 RH 2 D E F E | D C H | RH 2 D E F E | D

1. Klei - ner Mark, der Bö - se - wicht, er kam einst vor - bei,
2. Mei - ne Pom - mes aß er frech und auch noch mein Ei.

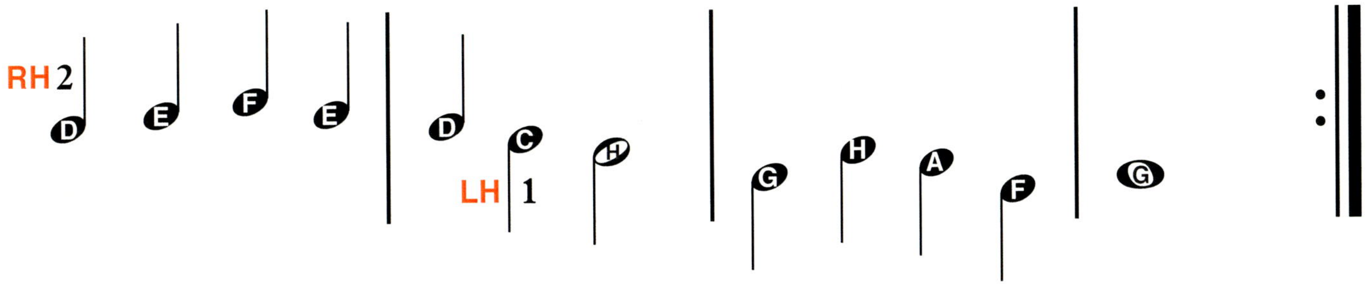

RH 2 D E F E | D C H | G H A F | G :||

1. aß das gan - ze Steak mir weg, so 'ne Sau - e - rei.
2. "Zieh ruhig wei - ter, klei - ner Mark, tschüss, sa - lut, bye - bye."

Spiele das Stück auch eine Oktave höher zur Lehrerbegleitung auf **www.klavier-fuer-kinder.de**.

LEHRERBEGLEITUNG: Schüler spielt *1 Oktave* höher.

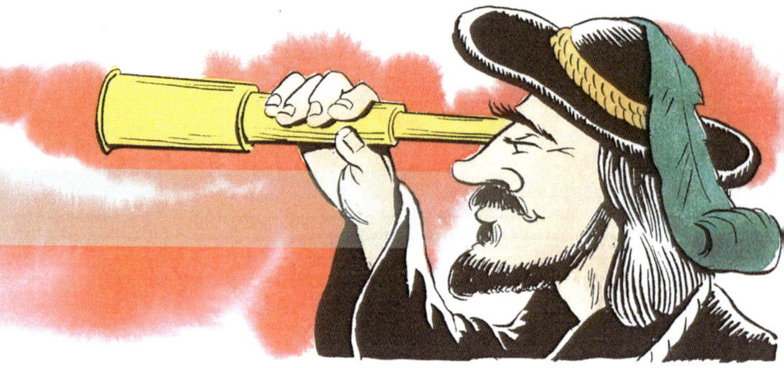

Christopher Columbus

Musik: Palmer/Manus/Lethco; Dt. Text: Michaela Paller

Ei - ne gro - ße Rei - se tat, Chris - to - pher Co - lum - bus!
Er ent - deckt A - me - ri - ka, Chris - to - pher Co - lum - bus!

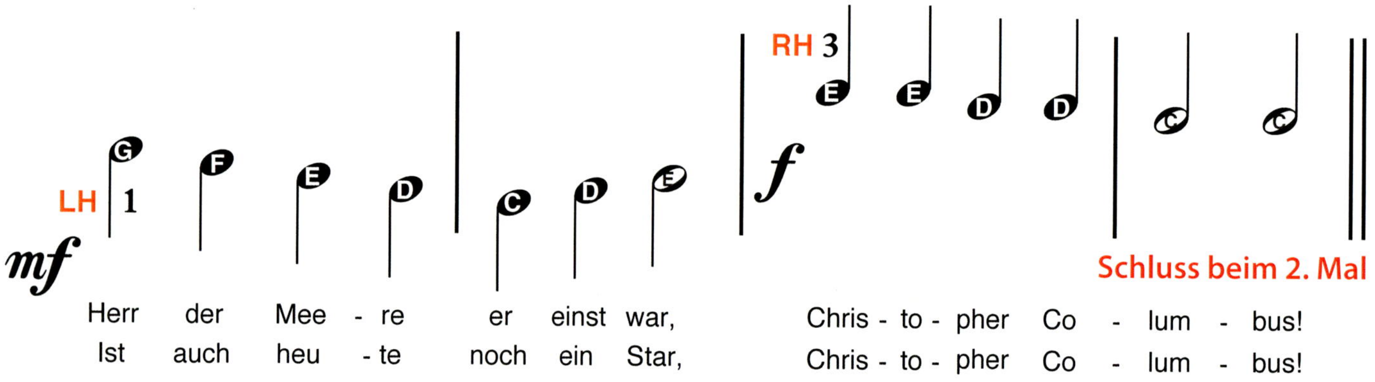

Herr der Mee - re er einst war, Chris - to - pher Co - lum - bus!
Ist auch heu - te noch ein Star, Chris - to - pher Co - lum - bus!

Schluss beim 2. Mal

Se - gel - te im gro - ßen Schiff mit vie - len Schiffs - ma - tro - sen.

Wiederhole die Zeilen 1 und 2.

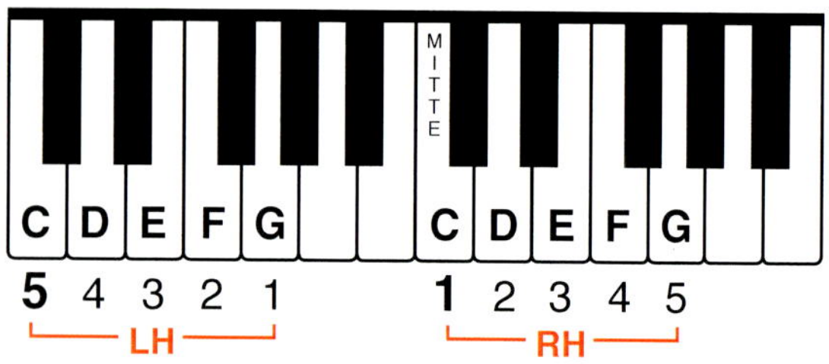

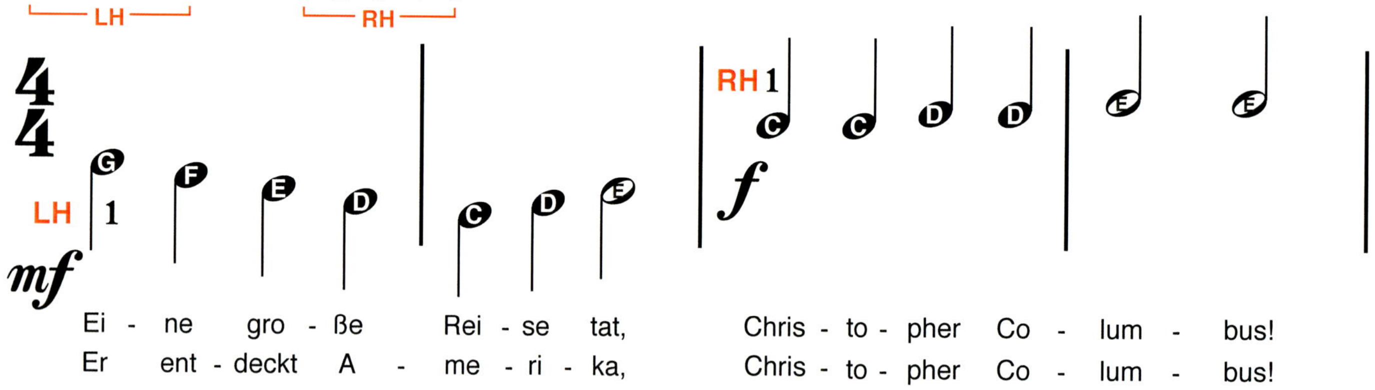

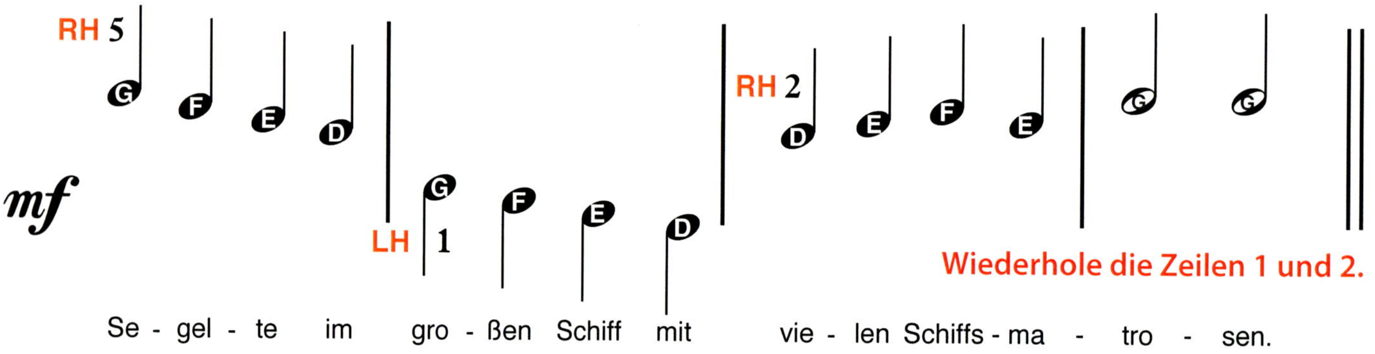

Spiele das Stück auch eine Oktave höher zur Lehrerbegleitung auf www.klavier-fuer-kinder.de.

LEHRERBEGLEITUNG: Schüler spielt *1 Oktave* höher.

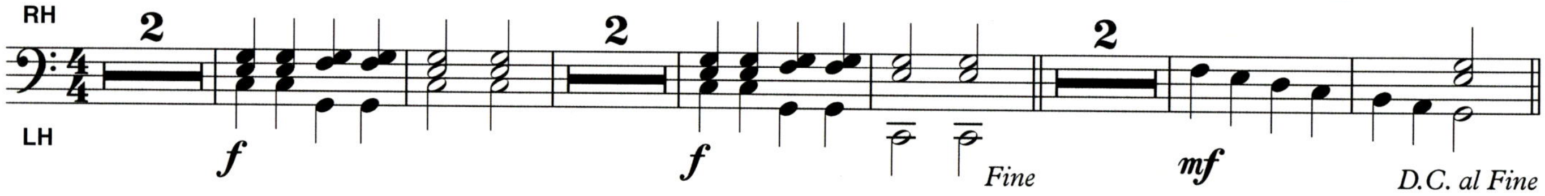

Spielstück

16

Thema: Klaviersystem Daumenlage C
Alfreds Klavierschule für Kinder
Band 1, Seite 69

Im Gras

Musik und Text: Michaela Paller

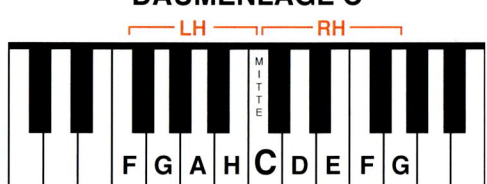

DAUMENLAGE C
LH
RH
MITTE
F G A H C D E F G

Gemütlich
mf
1. Sitz ich mit dir im Gras
2. Pup - pe, Seil o - der Ball,
4
3
1. ha - ben wir sehr viel Spaß.
2. spie - len wir ü - ber - all.

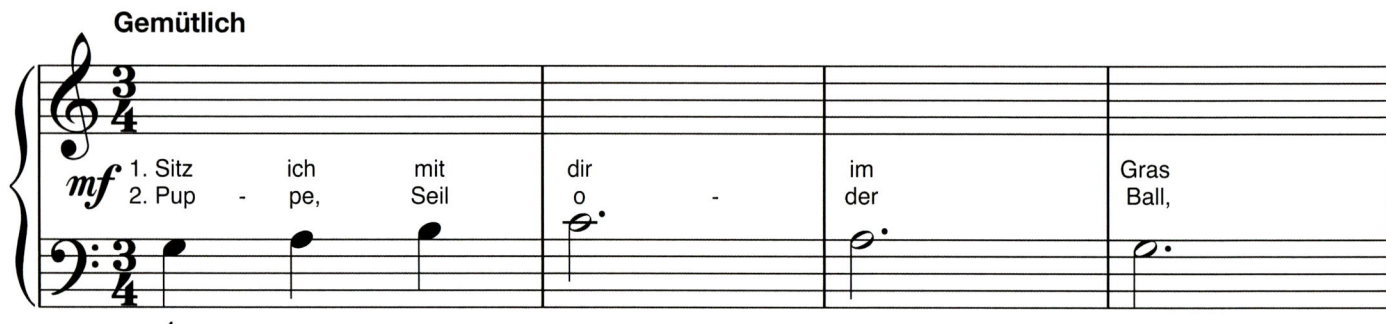

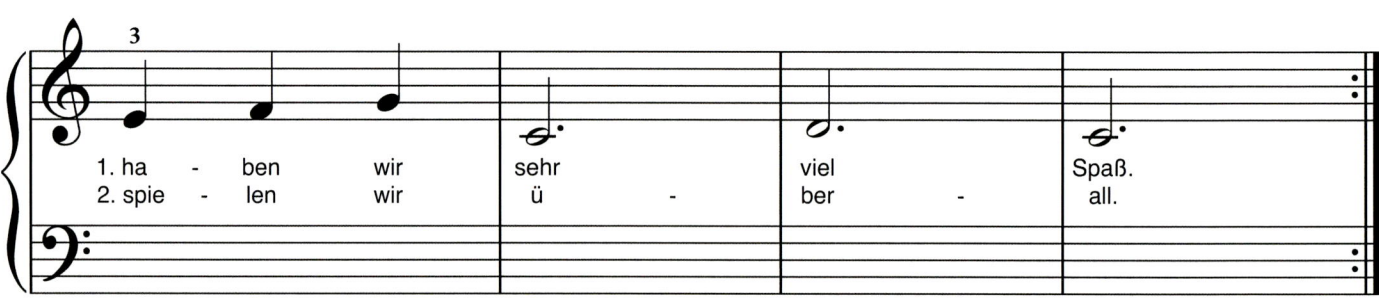

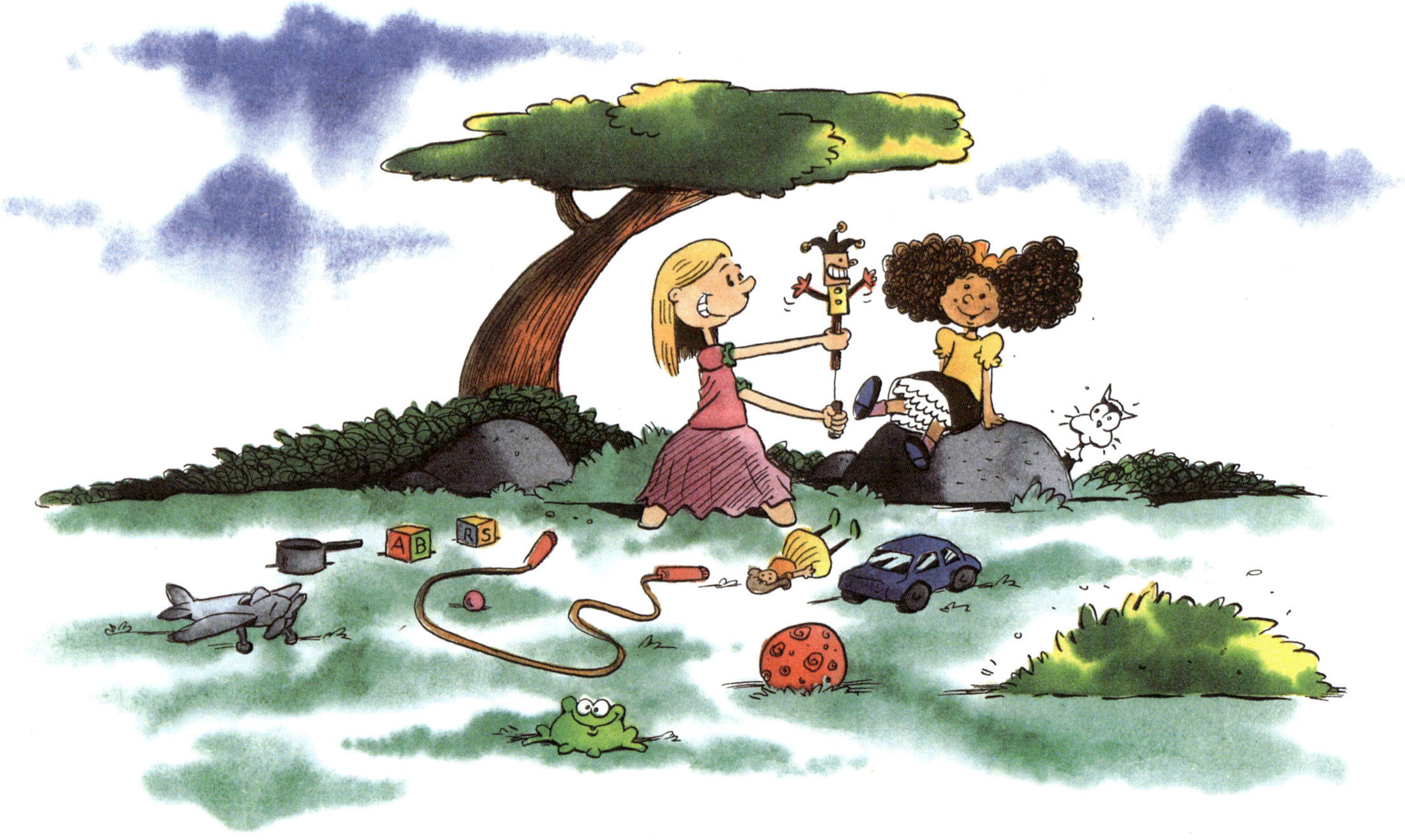

Spielstück 17

Thema: Haltebogen
Alfreds Klavierschule für Kinder
Band 1, Seite 71

Showstopper!
aus: Alfred's Basic Piano Library
2397 Fun Book 1A, Seite 18

Applaus

Musik: Palmer/Manus/Lethco
Dt. Text: Michaela Paller

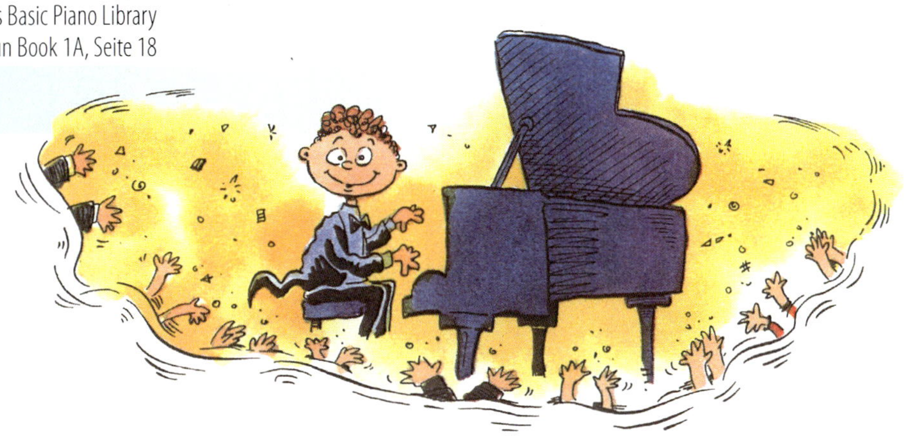

DAUMENLAGE C

LH
RH
MITTE
F G A H C D E F G

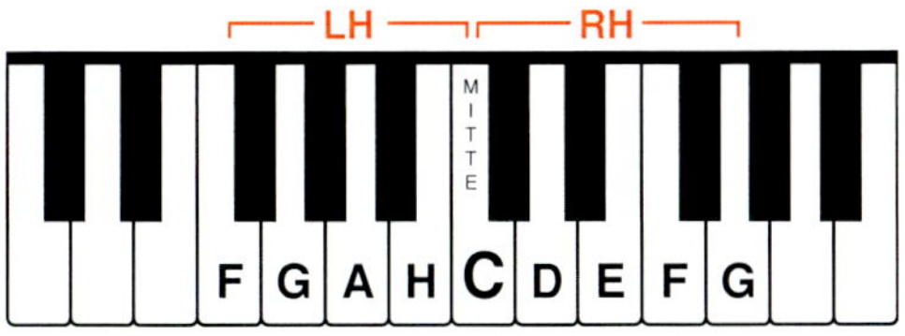

Bewegt und gleichmäßig

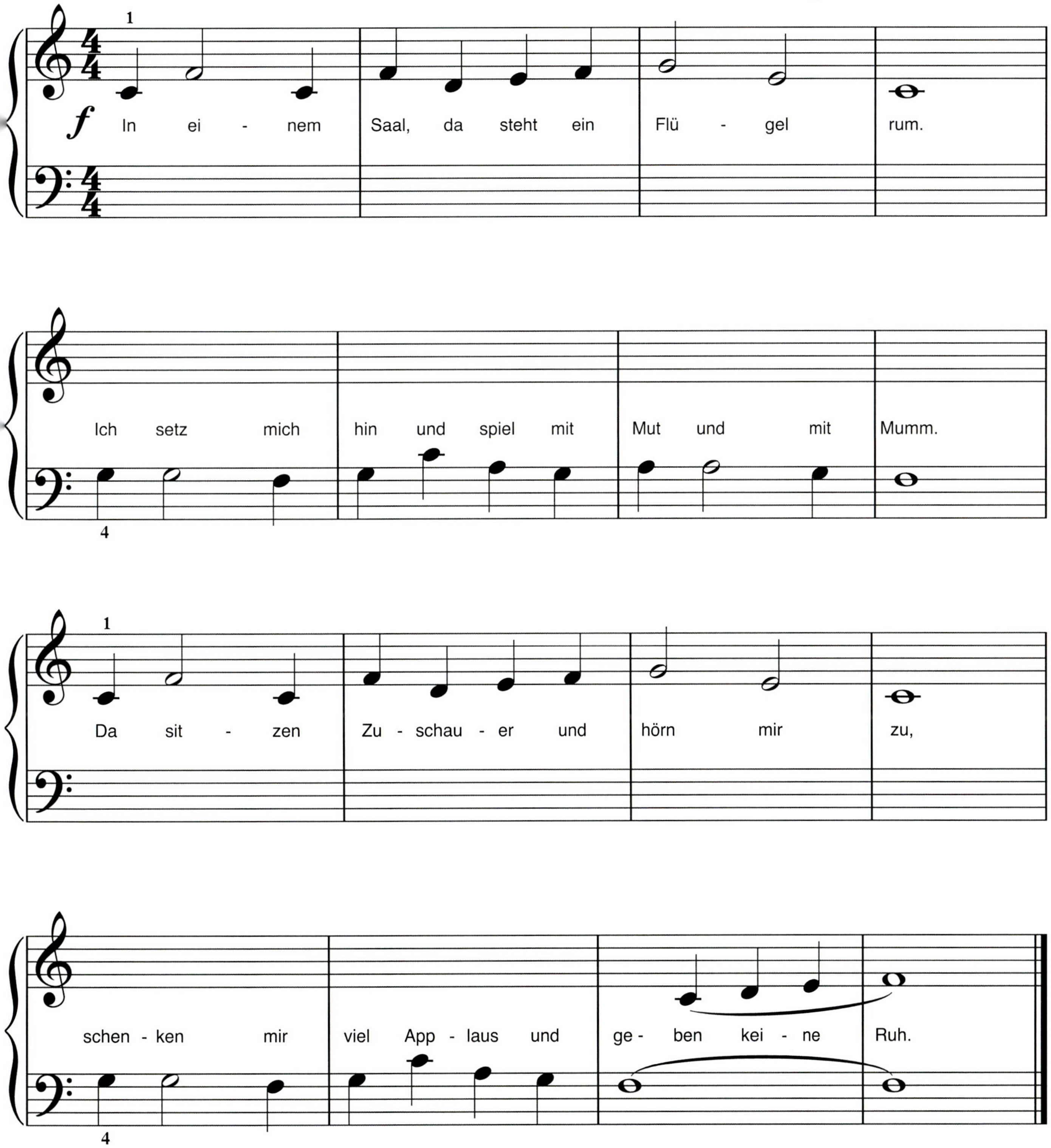

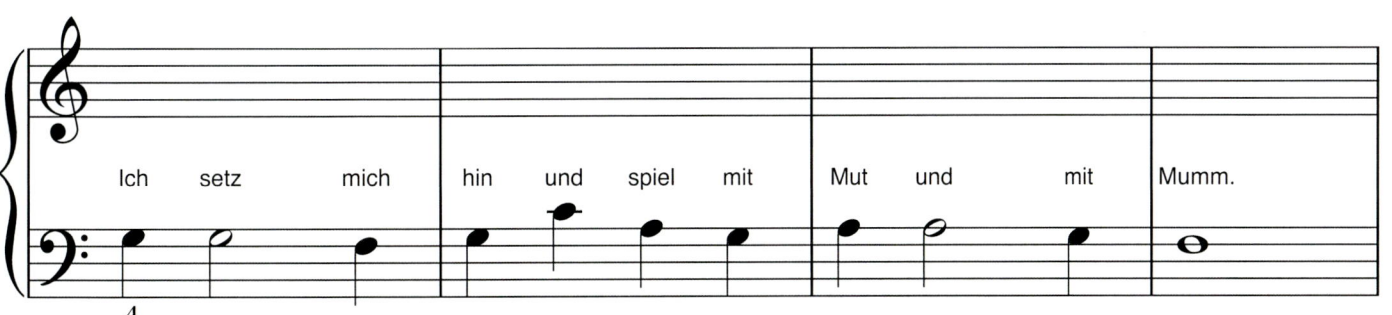

1
f
In ei - nem Saal, da steht ein Flü - gel rum.
Ich setz mich hin und spiel mit Mut und mit Mumm.
4
1
Da sit - zen Zu - schau - er und hörn mir zu,
schen - ken mir viel App - laus und ge - ben kei - ne Ruh.
4

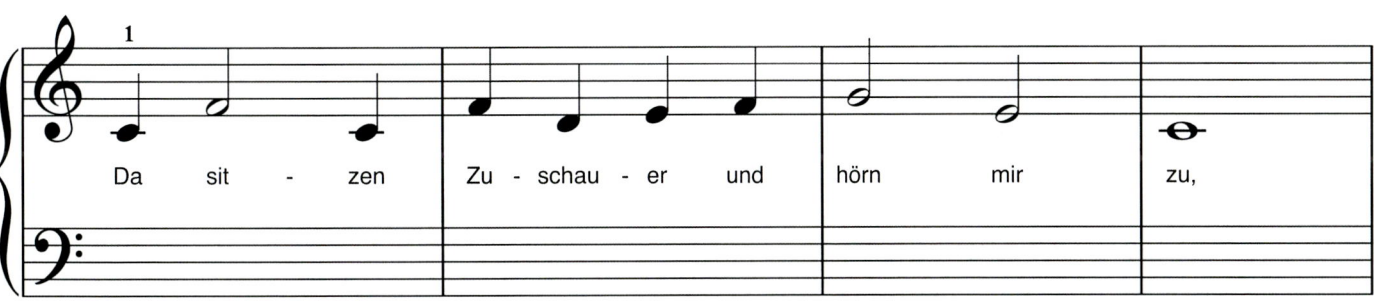

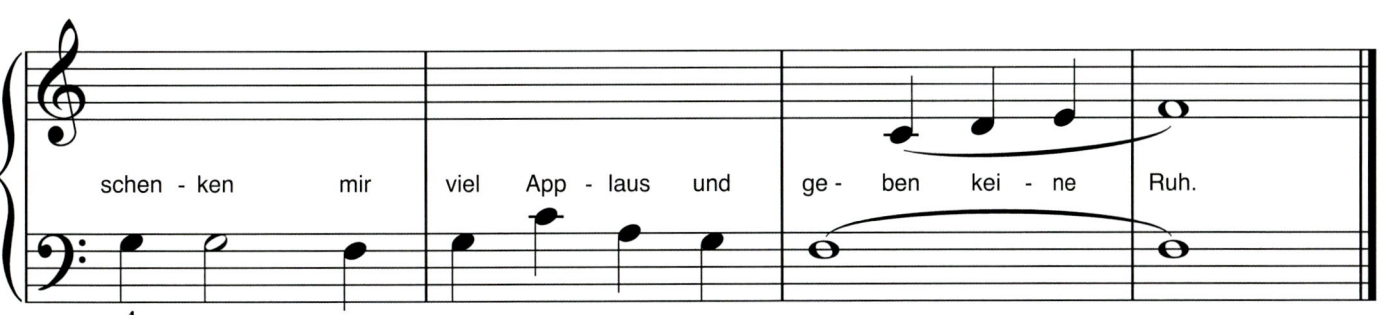

Spielstück 18
Thema: Konzertstück mit Bodypercussion
Alfreds Klavierschule für Kinder
Band 1, Seite 73

Hörbeispiel:

www.klavier-fuer-kinder.de

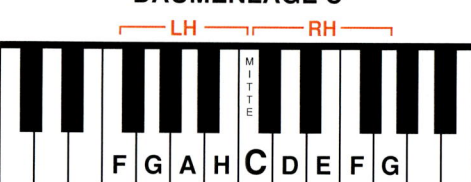

Es war eine Mutter
Musik und Text: überliefert

Das ist wieder ein schönes langes Konzertstück. Die 1. Strophe ist bekannt, doch wenn du die Strophen 2 bis 6 am Klavier spielen und dazu singen kannst, werden deine Zuhörer alle begeistert sein. Wer Lust hat, kann dich mit Bodypercussion begleiten.

3. Der Frühling bringt Blumen
und alles wird neu.
Die Vögelein singen,
dass ich mich dran freu.

4. Der Sommer bringt Weizen
und blühenden Klee.
Und wir können baden
im kühlenden See.

5. Der Herbst, der bringt Trauben
und Obst noch dazu.
Der Bauer kann ernten,
er hat keine Ruh.

6. Der Winter bringt Eis
und auch herrlichen Schnee.
Dann können wir rodeln
und jauchzen, juchhe.

Spiele das Stück auch zur Bodypercussionstimme auf www.klavier-fuer-kinder.de.

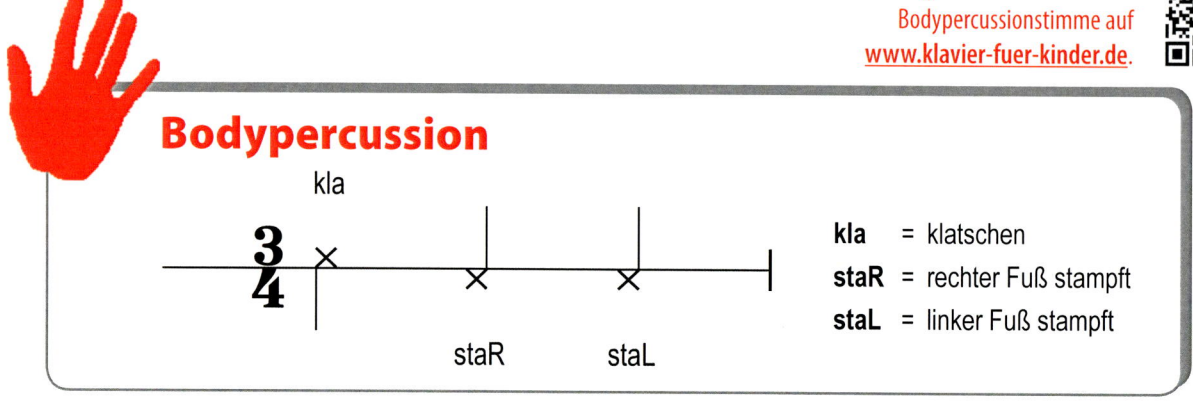

Spielstück 19

Thema: Sekunde/Terz/Viertelpause
Alfreds Klavierschule für Kinder
Band 1, Seite 76

Where Did You Get That Hat?
aus: Alfred's Basic Piano Library
2397 Fun Book 1A, Seite 17

5-FINGERLAGE C

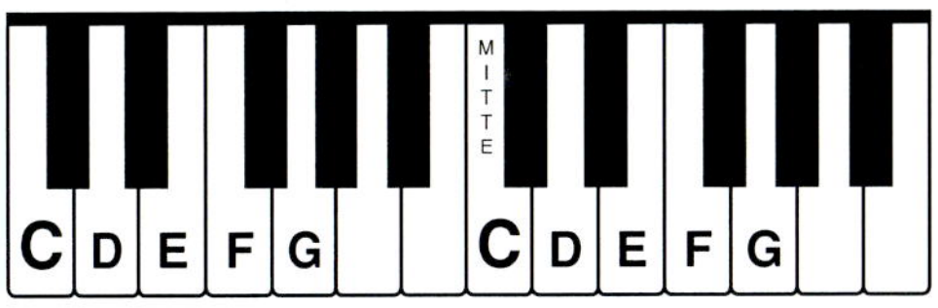

Wo kriegt man diesen Hut?

Musik: Palmer/Manus/Lethco; Dt. Text: Tom Pold

Fröhlich

Wo kriegt man die-sen Hut? Wo kommt denn der nur her?

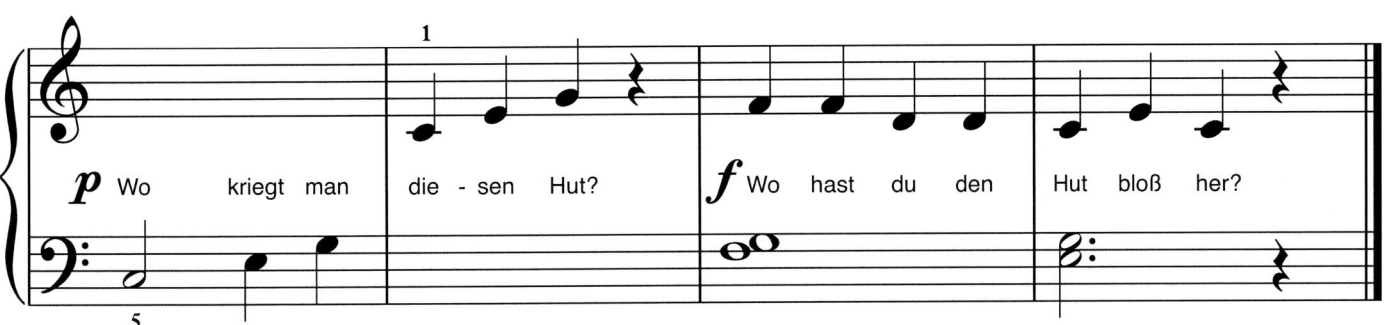

Wo kriegt man die-sen Hut? Wo hast du den Hut bloß her?

Spielstück 20

Thema: Sekunde/Terz
Alfreds Klavierschule für Kinder
Band 1, Seite 78

Quiet River
aus: Alfred's Basic Piano Library
2112 Recital Book 1A, Seite 16

Der Fluss

Musik: Palmer/Manus/Lethco
Dt. Text: Michaela Paller

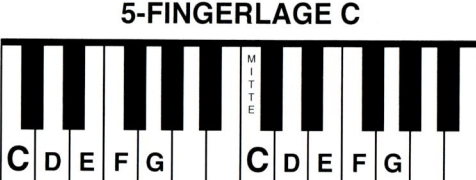

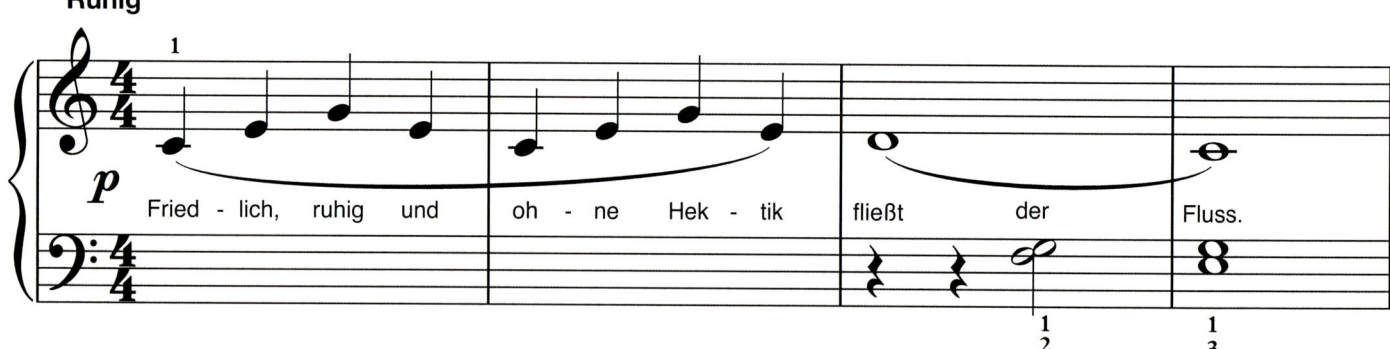

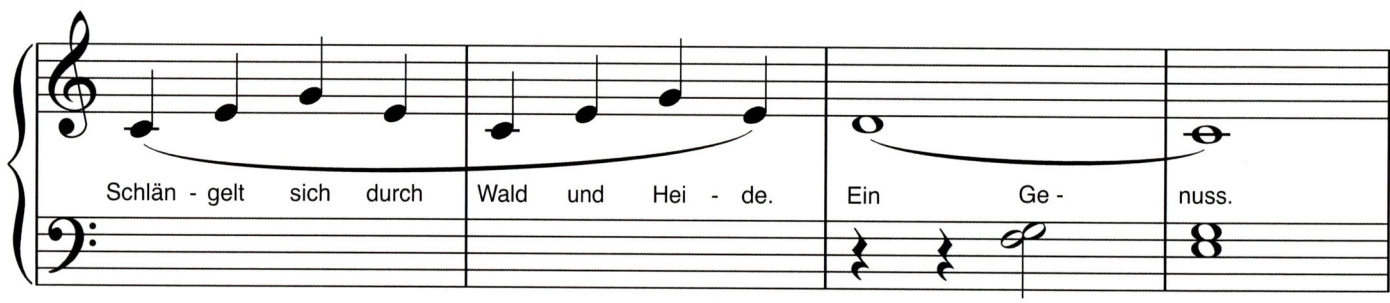

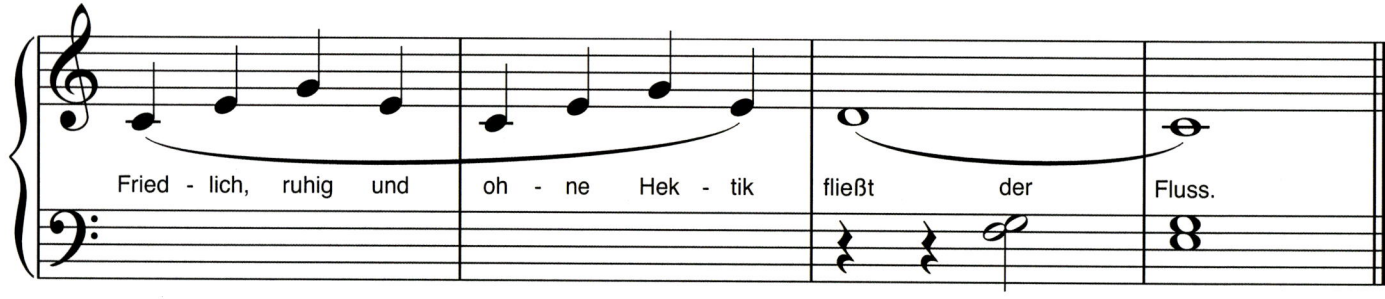

Thema: Quarte
Alfreds Klavierschule für Kinder
Band 2, Seite 8

Die Feuerwehr
Musik und Text: Michaela Paller

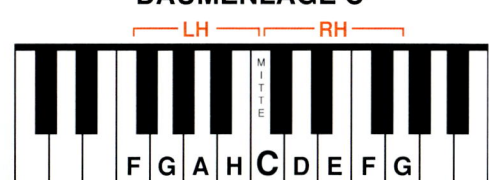

Thema: Ganze Pause / Quinte
Alfreds Klavierschule für Kinder
Band 2, Seite 12

Snake Charmers
aus: Alfred's Basic Piano Library
2459 Technic Book Complete 1, Seite 14

Der Schlangentanz
Musik: Palmer/Manus/Lethco
Dt. Text: Michaela Paller

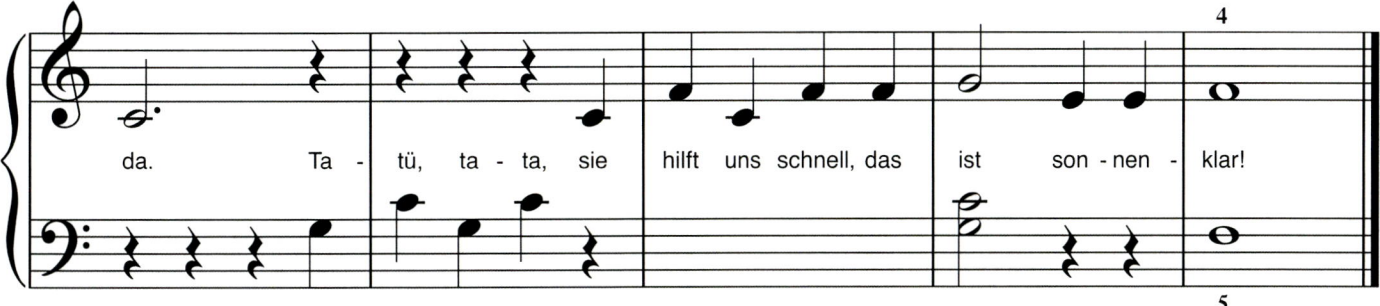

In der 1. Zeile spielst du die Melodie mit der rechten Hand, in der 2. Zeile mit der linken Hand. Spiele das Stück mehrmals und versuche, die harmonischen Quinten leiser zu spielen.
Bei der Wiederholung spielst du leise und summst mit.

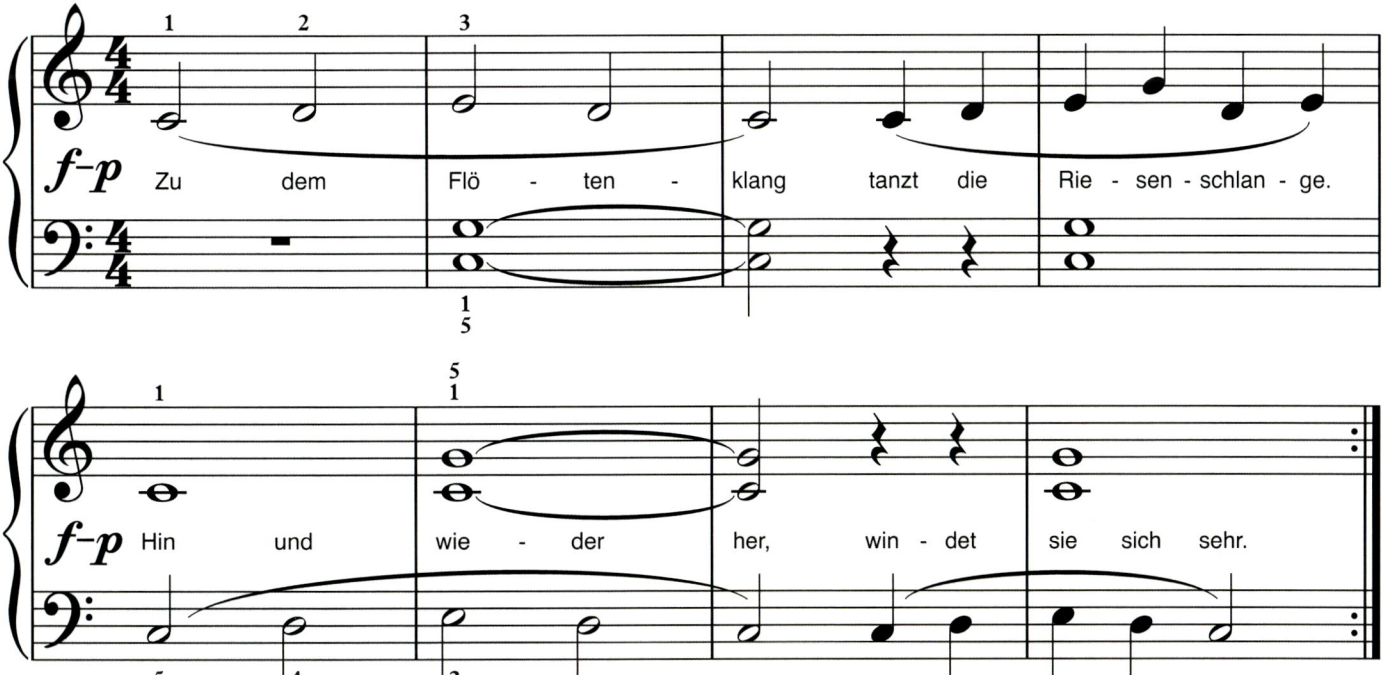

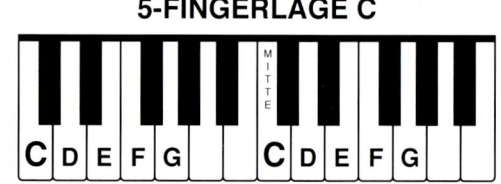

Beim 2. Mal spielen beide Hände *1 Oktave* höher.

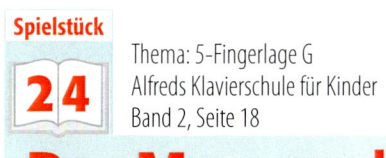

Spielstück

24

Thema: 5-Fingerlage G
Alfreds Klavierschule für Kinder
Band 2, Seite 18

„Moon-Walk"
aus: Alfred's Basic Piano Library
2397 Fun Book 1A, Seite 23

Der Moonwalk

Musik: Palmer/Manus/Lethco
Dt. Text: Michaela Paller

5-FINGERLAGE G

M I T T E
G A H C D
G A H C D

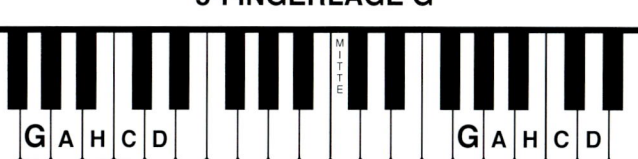

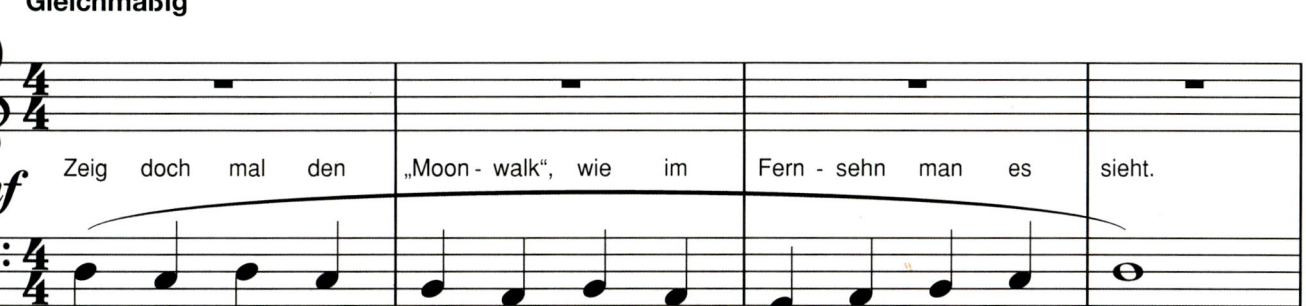

Gleichmäßig

mf
Zeig doch mal den „Moon - walk", wie im Fern - sehn man es sieht.
1
1
Tan - zen wir den „Moon - walk", wie es ü - ber - all ge - schieht.

Magst du gerne Experimente? Dann lege deine Hände auf die 5-FINGERLAGE C und spiele mit den GLEICHEN FINGERSÄTZEN. Kannst du die Notennamen mitsingen?

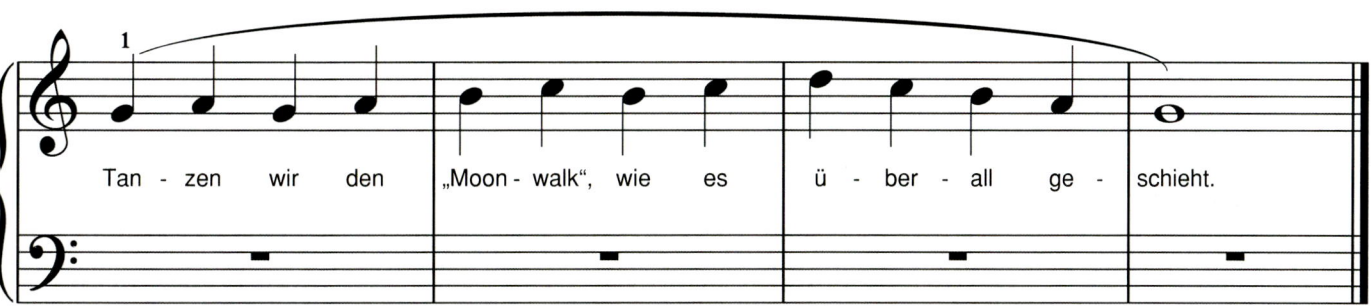

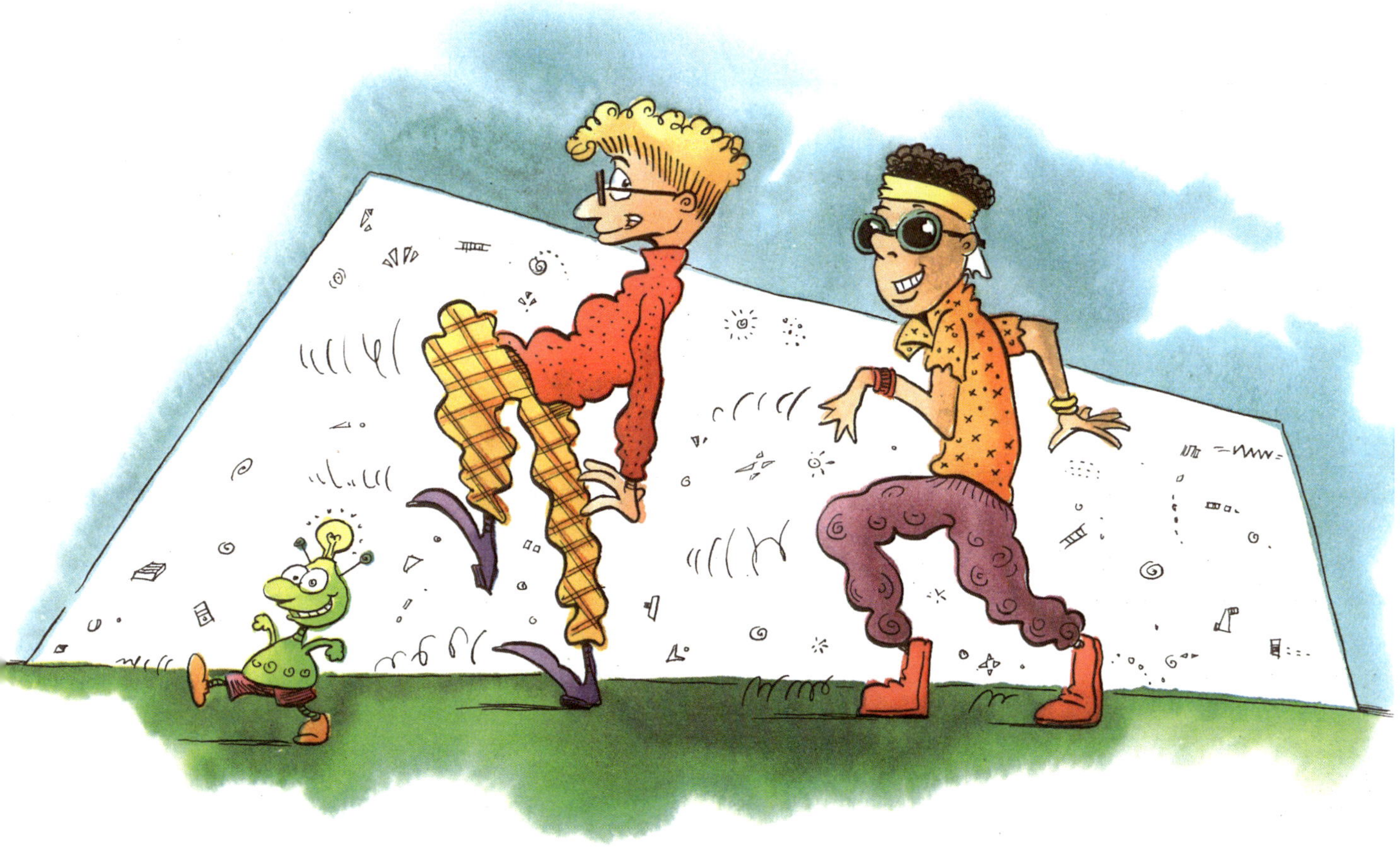

Spielstück 27

Thema: Achtelnoten
Alfreds Klavierschule für Kinder
Band 2, Seite 25

Mill On the Hill
aus: Alfred's Basic Piano Library
2464 Technic Book 1B, Seite 11

Musik: Palmer/Manus/Lethco
Dt. Text: Michaela Paller

Die Mühle

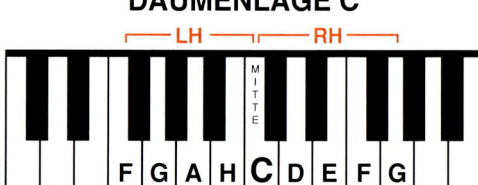

DAUMENLAGE C

Versuche beim 1. Mal mitzusingen, bei der Wiederholung nur zu spielen (und nicht zu singen).

Spielstück 28

Thema: Achtelnoten
Alfreds Klavierschule für Kinder
Band 2, Seite 25

Down the Mill Hill
aus: Alfred's Basic Piano Library
2464 Technic Book 1B, Seite 11

Musik: Palmer/Manus/Lethco
Dt. Text: Michaela Paller

Die Mühle am Sonntag

Versuche beim 1. Mal mitzusingen und bei der Wiederholung nur zu spielen.
Was fällt dir leichter?

Spielstück 29
Thema: Achtelnoten
Alfreds Klavierschule für Kinder
Band 2, Seite 27

The Gift to be Simple
aus: Alfred's Basic Piano Library
2113 Recital Book 1B, Seite 17

Einfache Gaben
Musik: Traditional

DAUMENLAGE C

Das ist eine sehr bekannte Melodie mit vielen Achtelnoten. Bevor du das Stück am Klavier spielst, kannst du es mit **Bodypercussion** üben. Klatsche alle Viertelnoten und patsche alle Achtelnoten abwechselnd mit der rechten und linken Hand auf deine Oberschenkel. Das ist ganz schön knifflig, doch wenn du das gut trommeln kannst, hört sich das super an.

Hörbeispiel:

www.klavier-fuer-kinder.de

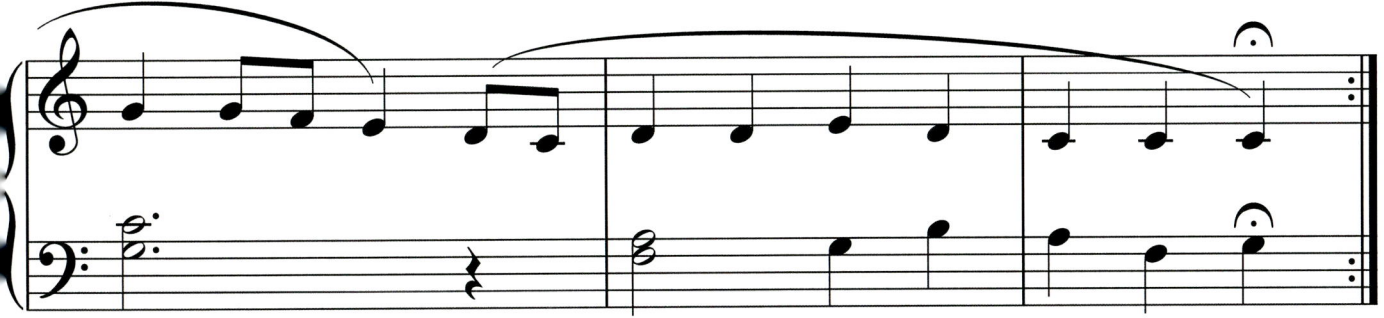

 **Spielstück 30**

Thema: Kreuzvorzeichen
Alfreds Klavierschule für Kinder
Band 2, Seite 28

The Boogie Woogie Band
aus: Alfred's Basic Piano Library
2228 Recital Book Complete 1, Seite 22–23
Musik: Palmer/Manus/Lethco
Dt. Text: Michaela Paller

Die Boogie-Band

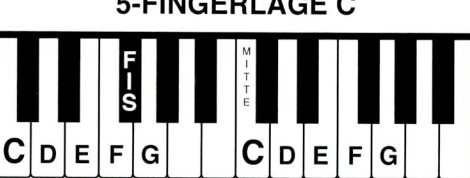

Schaut

Ein richtiges BOOGIE-GEFÜHL bekommst du, wenn du die Viertelnoten ein bisschen ungleichmäßig spielst:

lang kurz lang kurz usw.

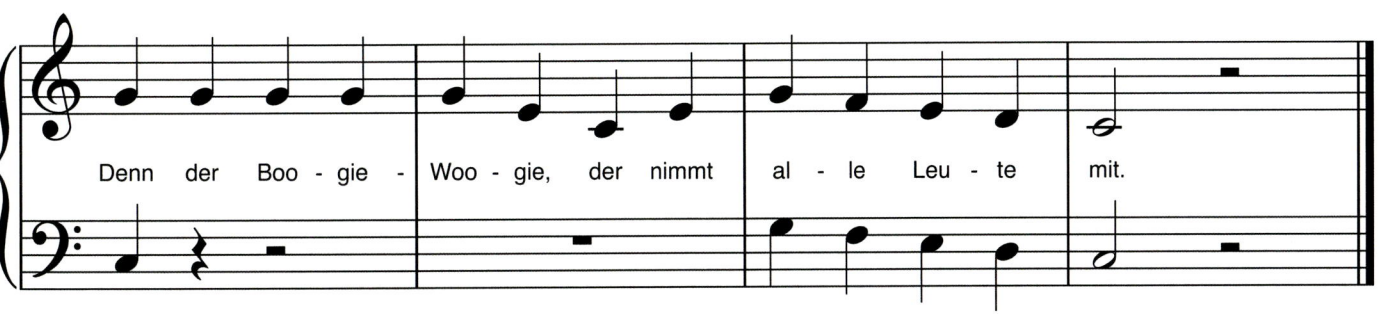

Du kannst dieses Stück so oft wiederholen, wie du magst.
Starte jede Wiederholung in Takt 5 ohne den ersten Ton der rechten Hand.

Spielstück **31**

Thema: B-Vorzeichen
Alfreds Klavierschule für Kinder
Band 2, Seite 32

Theme from Tschaikowsky's 4th Symphony
aus: Alfred's Basic Piano Library
2397 Fun Book 1A, Seite 28

Melodie aus:
Tschaikowskis 4. Sinfonie

Musik: P. I. Tschaikowski

Pjotr Iljitsch Tschaikowski war ein berühmter russischer Komponist, der von 1840 bis 1893 lebte. Diese Melodie aus seiner 4. Sinfonie ist sehr bekannt und beliebt. Manche deiner Zuhörer werden sie bestimmt kennen.

Hörbeispiel:

www.klavier-fuer-kinder.de

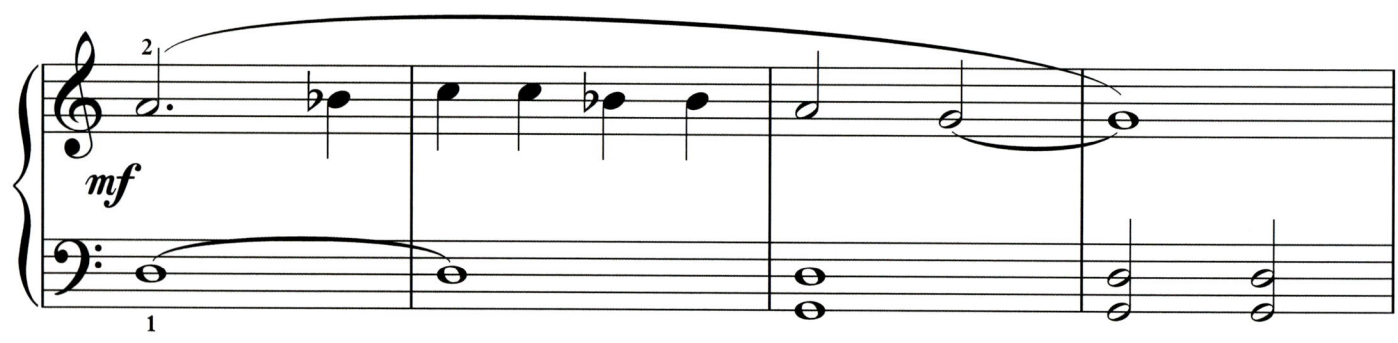

Spielstück 32

Thema: B- und Kreuzvorzeichen
Alfreds Klavierschule für Kinder
Band 2, Seite 35

Für Ludwig
aus: Alfred's Basic Piano Library
2391 Fun Book 1B, Seite 6

Für Ludwig

Musik: Ludwig van Beethoven

Ludwig van Beethoven (1770–1827)
ist einer der bedeutendsten Komponisten der Klassik.

Nicht nur seine Komposition *Für Elise* hat Weltruhm erlangt. Sie ist in diesem kleinen Klavierstück versteckt.

Hörbeispiel:

www.klavier-fuer-kinder.de

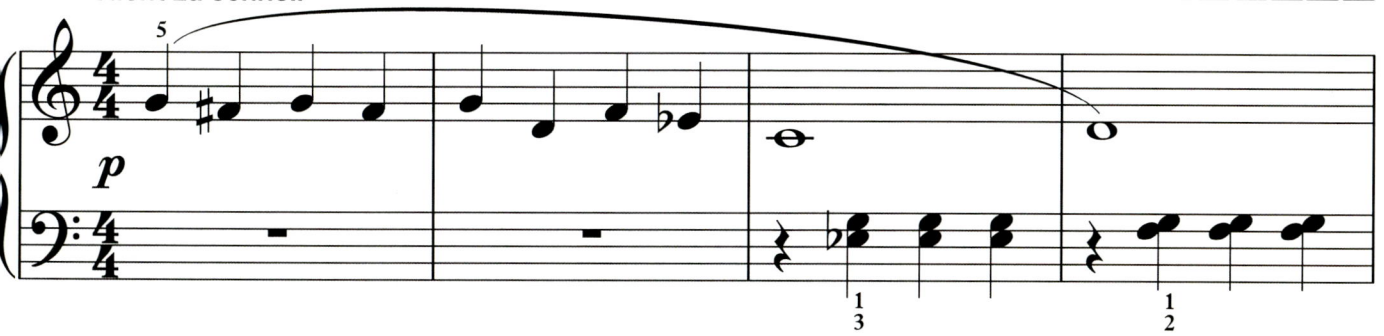

1 Oktave tiefer

Spielstück 33

Thema: Staccato / decrescendo
Alfreds Klavierschule für Kinder
Band 2, Seite 38

A 16th Century March
aus: Alfred's Basic Piano Library
6299 Repertoire Book 2 & 3, Seite 14

Ein Marsch

Musik: Anonym überliefert

5-FINGERLAGE G

Hörbeispiel:

www.klavier-fuer-kinder.de

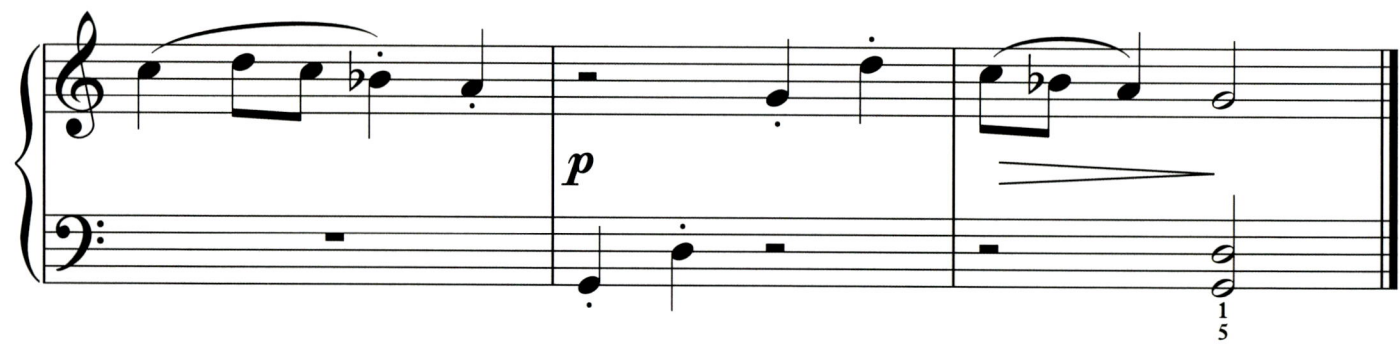

Thema: Tempoangabe moderato
Alfreds Klavierschule für Kinder
Band 2, Seite 44

Camptown Races
aus: Alfred's Basic Piano Library
2113 Recital Book 1B, Seite 14

Alle lieben diesen Song

Musik: Stephen C. Foster
Dt. Text: Tom Pold

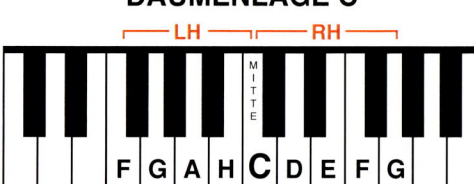

Moderato

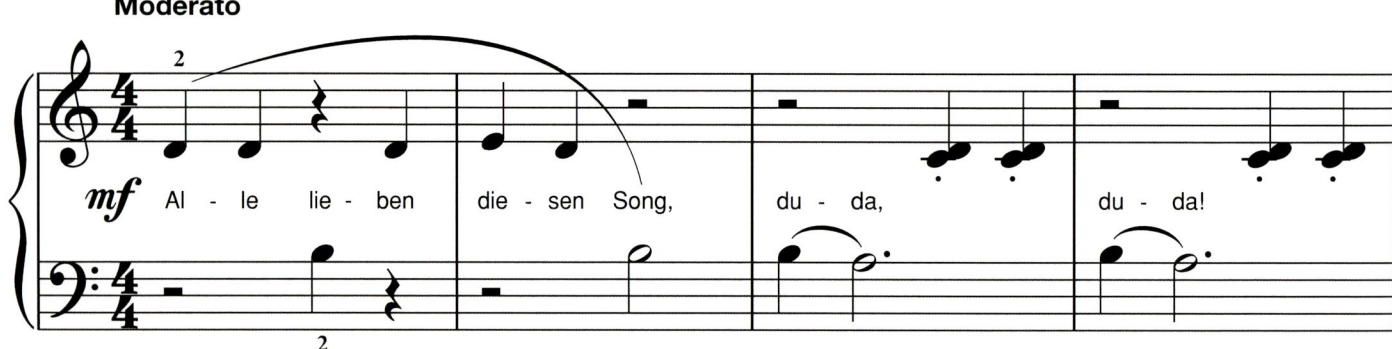

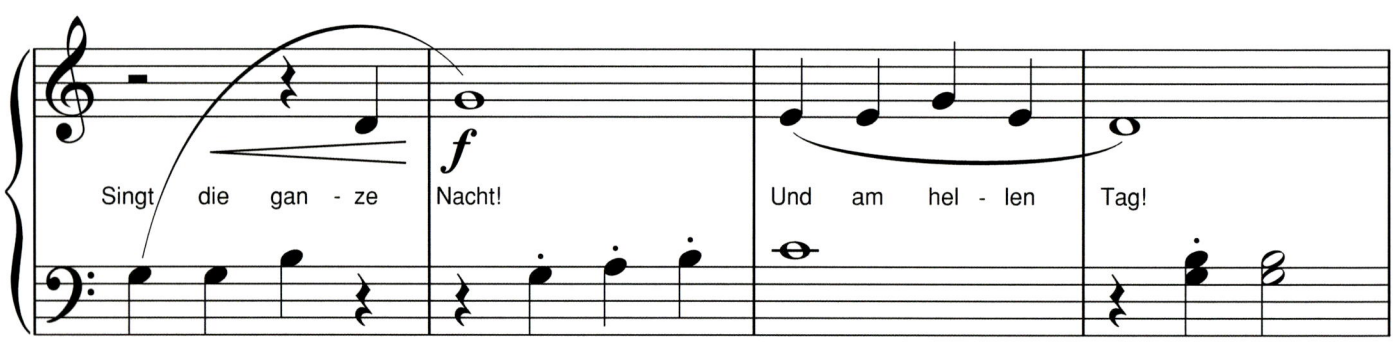

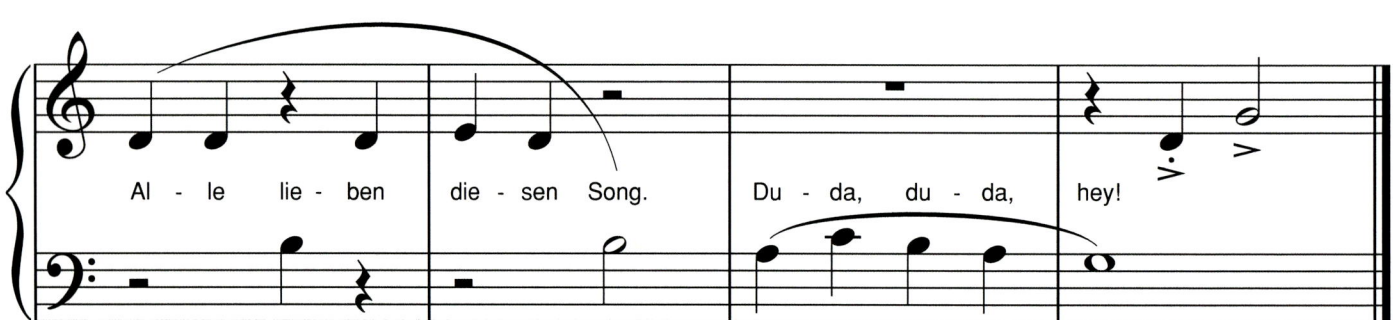

Du kannst die Viertelnoten auch ein bisschen ungleichmäßig spielen. Das „swingt" besser:

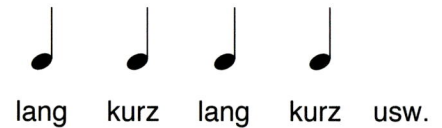

Ein toller Kumpel

Spielstück 36

Thema: Fermate
Alfreds Klavierschule für Kinder
Band 2, Seite 46

For He's a Jolly Good Fellow!
aus: Alfred's Basic Piano Library
2113 Recital Book 1B, Seite 15

Musik: Traditional
Dt. Text: Michaela Paller

DAUMENLAGE C

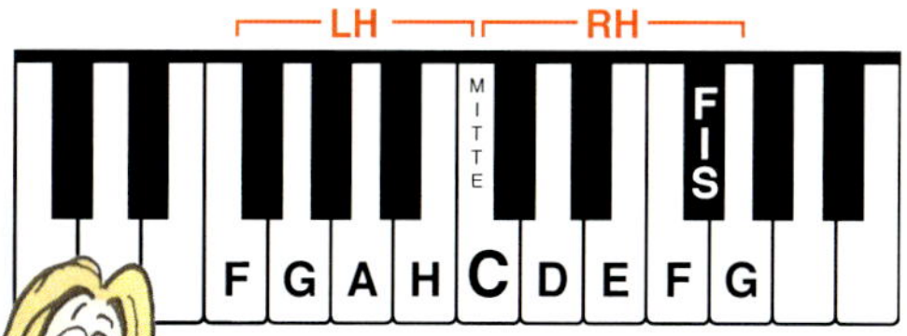

Allegro

Mein Freund ist ein tol-ler Kum - pel. Mein Freund ist ein tol-ler Kum - pel. Mein Freund ist ein tol-ler Kum - pel. Und das weiß ich ganz ge - nau!

Spielstück 37

Thema: 2/4-Takt
Alfreds Klavierschule für Kinder
Band 2, Seite 50

The Old Mill
aus: Alfred's Basic Piano Library
2113 Recital Book 1B, Seite 16

Sonnenschein

Musik: nach einer Melodie von Adolf Jensen (1837–1879); Dt. Text: Michaela Paller

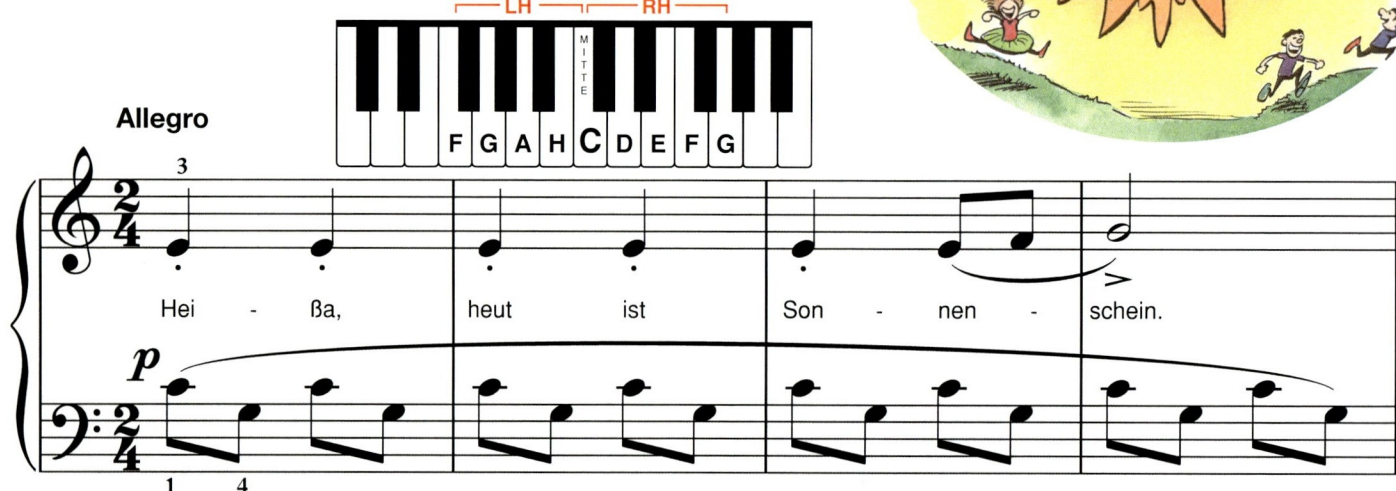

Allegro

Hei - ßa, heut ist Son - nen - schein.

Ich hab gu - te Lau - - ne.

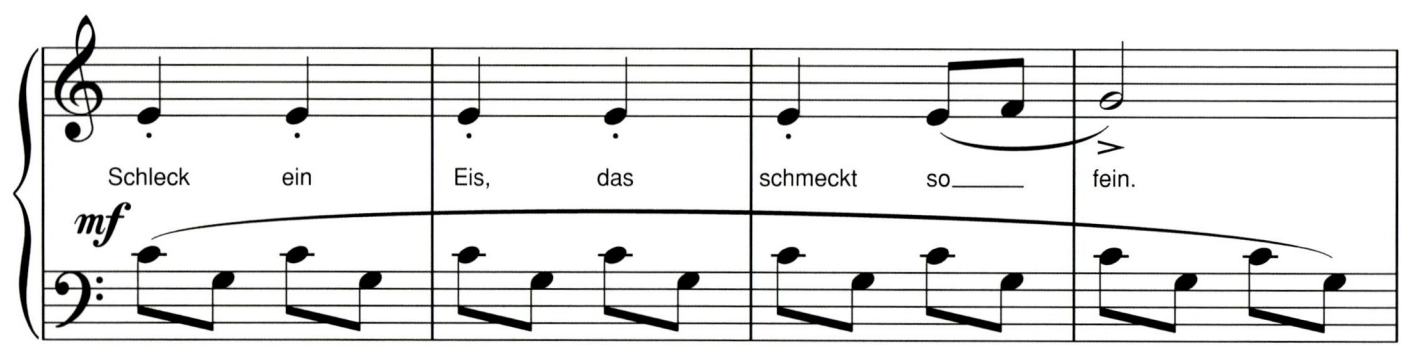

Schleck ein Eis, das schmeckt so fein.

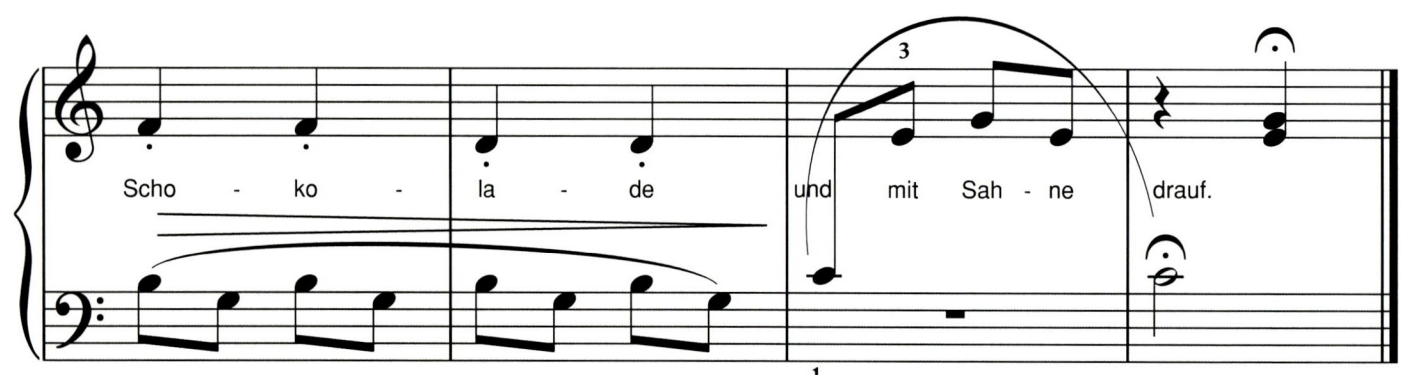

Scho - ko - la - de und mit Sah - ne drauf.

Spielstück 39

Thema: 5-Fingerlage G Hoch
Alfreds Klavierschule für Kinder
Band 2, Seite 57

1. Allegro (Miniature Suite No. 1)
aus: Alfred's Basic Piano Library
6299 Repertoire Book 2 & 3, Seite 3

Miniatur (1. Allegro) Musik: Daniel Gottlob Türk (1756–1813)

Daniel Gottlob Türk war ein bekannter deutscher Komponist. Er lebte von 1756 bis 1813.

Spielstück 40

Thema: 5-Fingerlage G Hoch
Alfreds Klavierschule für Kinder
Band 2, Seite 60

Can't Get 'Em Up!
aus: Alfred's Basic Piano Library
2391 Fun Book 1B, Seite 14

Am Morgen
Musik: Militärsignal
Dt. Text: Michaela Paller

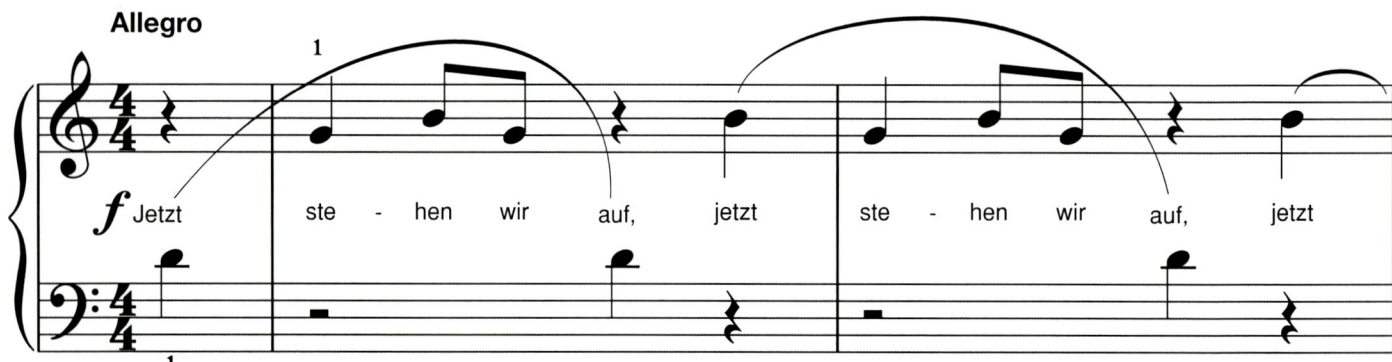

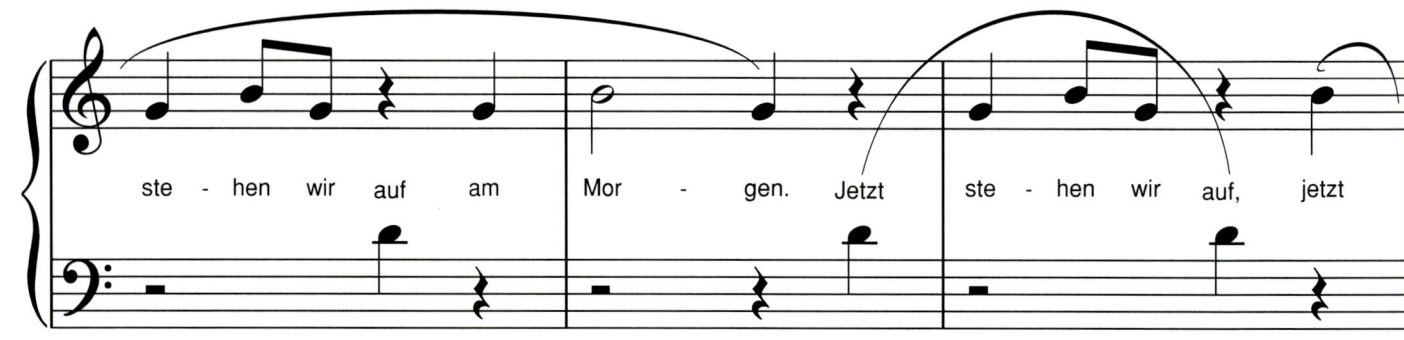

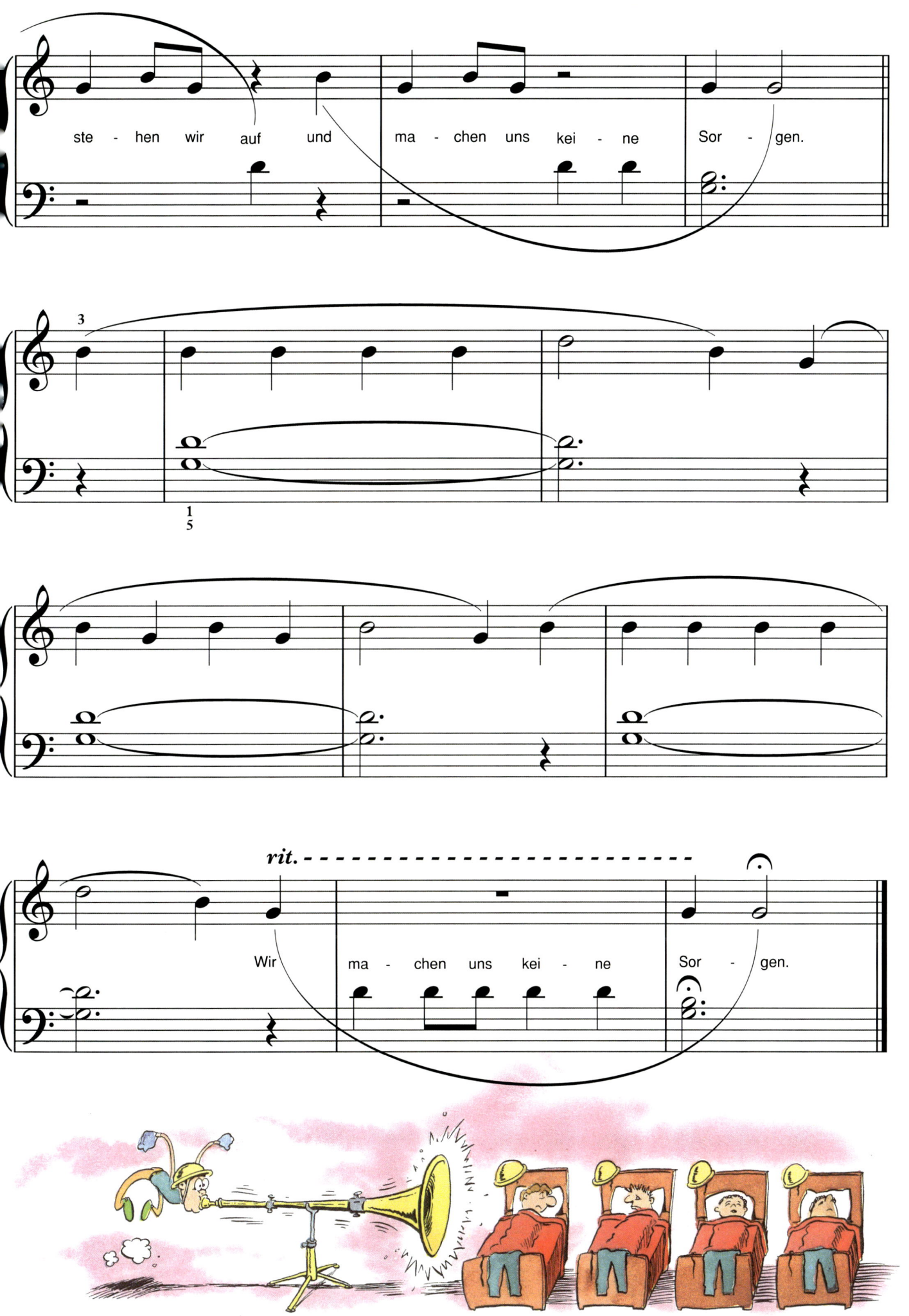

Spielstück 41

Thema: Pedalspiel
Alfreds Klavierschule für Kinder
Band 2, Seite 62

Soaring
aus: Alfred's Basic Piano Library
2113 Recital Book 1B, Seite 20

5-FINGERLAGE G HOCH

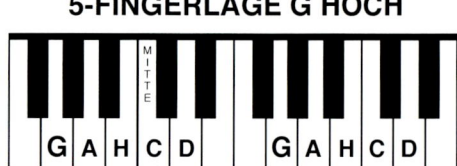

Immer höher
Musik: Palmer/Manus/Lethco

Jetzt hast du schon gelernt, mit Pedal zu spielen. Viel Spaß bei diesem tollen Abschlussstück.

Allegro moderato

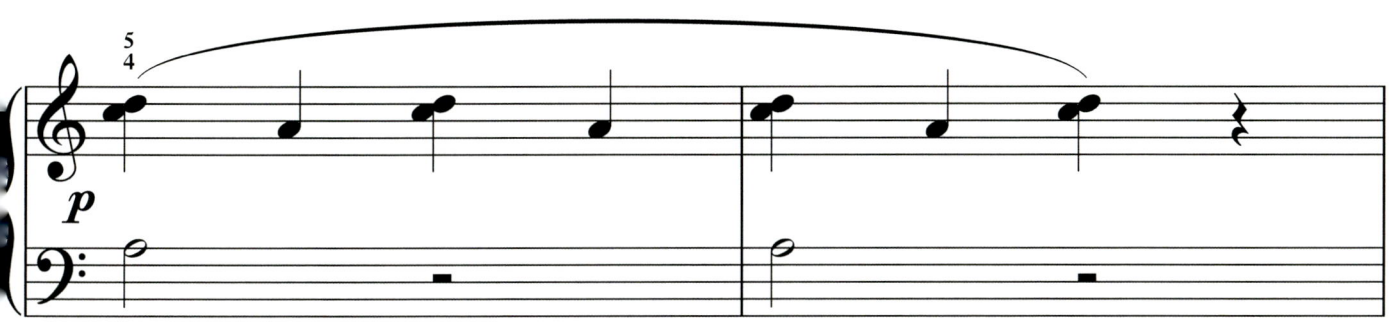

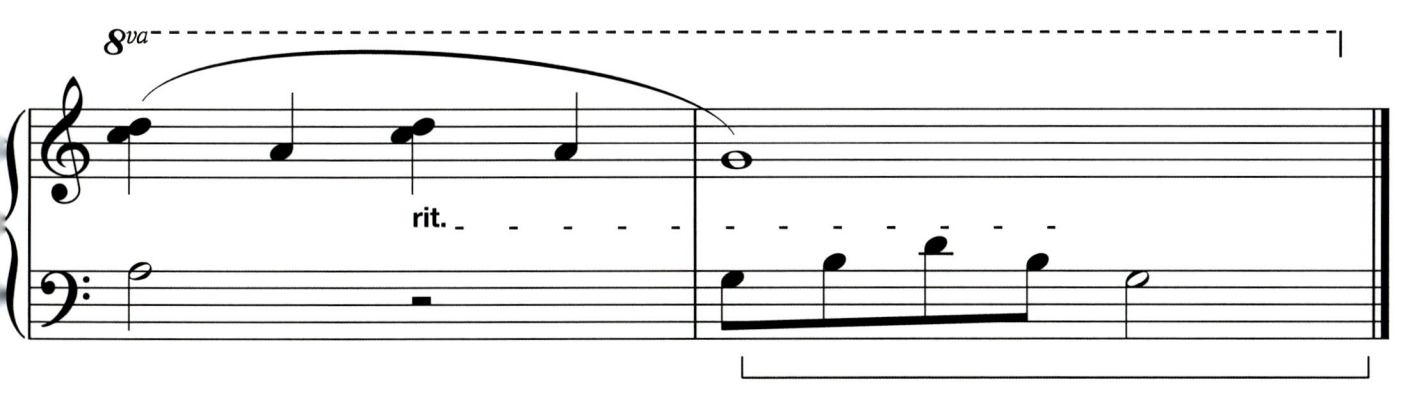

Alfreds Klavierschule für Kinder

Lerne Klavier spielen mit der bewährten Methode für Kinder basierend auf einer der meistverkauften Klavierschulen weltweit!

„Alfreds Klavierschule für Kinder":

- ist die deutschsprachige Ausgabe des weltweit seit Jahrzehnten in der Praxis erprobten *All-In-One Course* der ALFRED BASIC PIANO LIBRARY;
- besteht aus drei progressiv fortschreitenden Bänden mit beiliegender CD, einem ergänzenden Spielbuch und online abrufbaren Downloads;
- ist der bewährte Weg für junge Einsteiger, die das Klavierspiel Schritt für Schritt erlernen wollen;
- führt die Klavierschüler behutsam an das Notenlesen heran;
- enthält bekannte Kinderlieder, Lehrerbegleitstimmen, attraktive Quizrätsel u.v.m.

Band 1 Allgemeine Einführung in das Klavierspiel, Orientierung auf der Tastatur und Fingerkennung, beidhändiges Spiel auf den schwarzen und weißen Tasten, Daumenlage C und 5-Fingerlage C, Notenlesen mittels Buchstaben-Notation, Einführung in das Notensystem, beidhändiges Spiel nach Noten, Einführung erster Intervalle, mehrstimmiges Spiel u.v.m.

Band 2 Neue Klavierstücke, neue melodische und harmonische Intervalle, Erweiterung der Notenlesefähigkeit, Achtelnoten, neue Fingerlagen G, Auftakt, 2/4-Takt, neue Dynamik- und Artikulationstechniken, neue Tempoangaben, Lagenwechsel, Einführung in das Pedalspiel u.v.m.

Band 3 Erweiterung des Klavierstückrepertoires, Achtelpause, Ganztöne, Dur- und Moll-Tonleitern u.v.m.

Das Spielbuch Weiterführendes Spielmaterial zu Band 1 und Band 2 zur Vertiefung des Gelernten. Eine willkommene Abwechslung zur Motivation, so viel wie möglich Klavier zu spielen.

alfredmusic.de
klavier-fuer-kinder.de